出題傾向

◆「国語」の出題割合と傾向

＜「国語」の出題割合＞

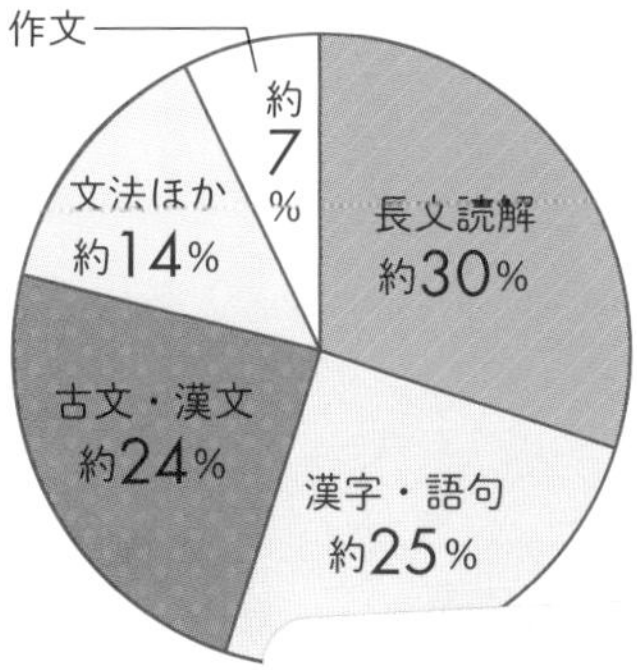

＜「国語」の出題傾向＞

- 出題される文章は，論説文・小説が中心。随筆からの出題は減少。
- 漢字は，熟語の構成や慣用句・故事成語などに関する問題も出題される。
- 古文・漢文は，現代語訳や解説文との融合問題が主流。
- 文法は，品詞の識別や意味・用法が主に出題される。
- 作文が中心で，課題作文や短文作

◆「長文読解」

- 会話文や資　問題が増えてきている。
- 論説文では，傍線部の内容や指示語の指すものを説明させる問題，小説では，登場人物の心情に関する問題がよく出題される。

合格への対策

◆長文読解

試験を意識して，文章を速く読むようにしましょう。また，論説文における要旨の把握や小説における心情把握も十分に練習しましょう。

◆漢　字

漢字の読み書きは頻出のため，ふだんから漢字を使う習慣をつけましょう。

◆古文・漢文

動作主や主語・述語の関係について，しっかりおさえながら文章を読めるように練習しましょう。

◆文　法

品詞の識別やそれぞれの品詞の意味・用法はよく問われるため，品詞分類表や活用表をしっかり暗記しましょう。

◆作　文

日頃から社会問題に目を向けて周辺の知識を増やしておくとともに，条件に合わせて時間内に文章をまとめる練習をしましょう。

第1日

説明文

時間 40分
合格 80点
得点 /100

ここをおさえる！
①指示語の指す内容を正確にとらえよう。
②接続語に注目して前後の関係をとらえよう。

［ 月 日］
解答↓別冊1ページ

1 **次の文章を読んで、あとの問いに答えなさい。**

（プール学院高―改）

森林資源と聞くと、ほとんどの人はマテリアル*としての木材を思い浮かべるだろう。木材は、板にするか角材にするか、あるいは丸太のまま使うかの違いはあっても、［A］イメージだ。

しかし地球規模で眺めると、木材のもっとも多い使い道は、エネルギー源である。つまり［B］。今風に言えばバイオマス*エネルギーだ。

と言っても世界の主流は、チップボイラー*や木質ペレット*のストーブ、あるいは発電施設における使用ではない。大地で直接燃やすほか、石や土によるかまどで煮炊きする、暖房に使うといった原始的な燃料利用が大半だ。木炭さえ、そんなに普及していない。

人口増加とともに木材の燃料消費は膨れ上がり、アジアやアフリカなどの乾燥地帯では、植生が失われることが大問題になっている。現在「砂漠化」が進むとされる土地の多くは、燃料として過剰利用されたため植生が失われたケースが少なくない。

日本もつい最近まで①そうだった。考えてみれば、エネルギー源がほぼすべて化石燃料になったのは、戦後である。明治以降も庶《しょ》民《みん》は相変わらず薪《まき》を利用していた。都会では、煙の出ない木炭が多く使われた。私も、子供の頃は火鉢があったし、本家を訪れると風呂を薪で焚《た》いていた記憶がわずかに残る。［1］

日本の木炭生産量のピークは、一九五七年の二二二万トン。当時の製炭人口は一〇〇万人を超えていた。木炭をつくる過程で、原料の木材は半分以下の体積になるから、消費された木質量はその倍以上だろう。薪の消費はさらに多かったから、莫大《ばくだい》なバイオマスが燃料として使われていた。［2］

江戸時代は、薪や炭こそ山の重要産品だった。都市部へ薪炭《しんたん》を供給することが、山村の最大の役割であり、現金収入の道だったのだ。そして②地方の経済を支えていた。［3］

例を挙げると、当時から大都市だった大坂は、人口が多く銅の精錬など工業も盛んだった。必要な薪や木炭は、周辺の里山からの供給ではとても間に合わなかった。記録によると、土佐《とさ》（高知県）のほか阿波《あわ》（徳島県）、伊予《いよ》（愛媛県）などの四国各藩のほか、遠く九州からも運ばれていた。［4］

江戸時代初期に土佐藩の執政（家老）だった野中兼山《けんざん》（一六一五〜六三）は、大坂の薪市場を土佐薪で押さえるために尽力した。当時の土佐藩の財政を支えたのは、薪なのだ。

一方で薪の持続的生産も心がけ、その仕組みをつくったことで知られる。薪運搬船の数と積載量を固定し、運航回数も制限して薪の出荷量を厳しく制御したのである。薪の量に合わせて山を順繰りに伐採していく「番繰り山制度」もつくった。木は一五〜二〇年で再び伐採できる太さになる。だから③持続的な薪ビジネスが展開された。

しかし、兼山の失脚後は守られなくなり、すぐに船の数は五倍、積載量も運航回数も膨れ上がった。そのため、あっという間に山は荒れたという。おかげで江戸時代後期の大坂への薪供給の主役は、より遠い九州各藩に移った。

薪を大量に使うのは、鉄や銅など金属精錬に加え、陶器や瓦《かわら》などを焼く窯《よう》業、製塩業、さらに和紙づくりや染色業、和三盆《わさんぼん》（砂糖）生産まで幅広い。その点に着目すれば、森林はエネルギー資源であり、薪の生産はエネルギー産業だったのだ。

（田中淳夫《たなかあつお》「森と日本人の1500年」）

＊マテリアル＝材料。原料。素材。

＊バイオマス＝生物を資源として利用すること。また、資源として利用される生物のこと。

＊チップボイラー＝細かく加工した燃料用木材で高温の蒸気や温水をつくる装置。

＊木質ペレット＝木材を顆粒《かりゅう》状に砕いて固めた固形燃料。ストーブはその熱を利用した装置。

(1)【適語補充】A・Bに入る言葉として最も適切なものをそれぞれ次から選び、記号で答えなさい。（5点×2）

A［　　］　B［　　］

ア　燃やして熱を利用する

イ　紙に加工して利用される

ウ　建築や家具などに利用される

エ　果実を食用として利用する

記述

(2)【指示語の内容】――線部①はどういうことか。二十字以内で説明しなさい。（15点）

(3)【脱文挿入】次の文は、本文の1～4のどの部分に入れるのが適切か。番号で答えなさい。（5点）

そのため、どれほどの森林が伐採されたことか……。

［　　］

記述

(4)【内容把握】――線部②とはどういうことか。主語を明確にして説明しなさい。（15点）

［　　］

重要

(5)【内容把握】――線部③の説明として最も適切なものを次から選び、記号で答えなさい。（5点）

［　　］

ア　市場での薪の売値を高く保つために流通する量を減らし、収入が多くなるよう計算したこと。

イ　運搬船一せきあたりの積載量を増やし運航回数を減らすことで、薪の輸送効率を高めたこと。

ウ　山を順繰りに伐採する制度により、薪の生産者の生活も藩の財政も、ともに豊かにしたこと。

エ　薪の生産や流通を厳しく管理し、いつまでも山から原料木を供給できるように配慮したこと。

2 次の文章を読んで、あとの問いに答えなさい。〈新潟〉

ひとは「うれしい」とかんたんに言う。「悲しい」とも、かんたんに言う。

だれかに何か贈り物をもらったとき、あるいは優しい言葉をかけてもらったとき、そのひとへの返礼の気持ちを表《あら》わすのに、「うれしい」は、たしかに、簡潔にして的確な言葉である。「うれしい」との発言が、気持ちのやりとりの行為として、儀礼的ともいえるその行為の脈絡のなかに、きちんとはまっているからである。

[A]、「うれしい」とは言ったものの、じぶんのほんとうの気持ちはいったいどういうものなのだろうかと自問しはじめると、事はとたんにやっかいになる。「うれしい」の一言では、言葉はまったく足りないような気になる。口では「うれしい」とは言いながら、「申し訳ない」という恐縮した気持ち、「借りができたな」という負担の気持ち、「うれしい」の一言ではとても言い尽くせない感謝の気持ち……と、さまざまな想いが*錯綜《さくそう》しているのに気づく。言葉に、*綾《あや》が、陰影がまとわりついているのに気づく。じぶんがいま抱いている感情に対して、言葉がつくづく乏しいとおもう。「うれしい」の一言がじぶんの心の陰りや裾野にまで届いていないなと、おもう。

けれどもほんとうにそうなのだろうか。

ある哲学者が言っていた。もしわたしたちが言葉というものをもたなかったら、ひとはいまじぶんを襲っている感情がいったいどういうものか、おそらくは理解できなかったであろう、と。これが意味するところは、言葉が、何かすでにあるものを叙述するというより、なにかある、形のさだかでないものに、はじめてかたどりを与えるということだ。言葉にしてはじめて分かるということがあるということだ。

「分かる」とは、まさに①言い得て妙である。もやもやしたこと、漠然としてなにか分からないものに包まれているとき、それをいくつかの要素に区分けする。[B]ひとの感情なら、喜怒哀楽に分ける。いやそもそも感情じたいが、意志や判断と分けてはじめて、それとして*同定できるものである。形なきものに形を与えるということ、②そこに言葉のはたらきがある。言葉にすることではじめて存在するようになるものがあるということだ。

いったん区分けをすると、こんどはそのはざまや*あわいにあるものが見えてくる。陰りやグラデーションといった濃淡も見えてくる。さらにはその裏で同時にうごめきだしている反対感情も顕在化してくる（これが*アンビヴァレンツである）。そのようにして、心にますますこまやかな起伏や襞《ひだ》が、つまりは「あや」（綾・彩）が生まれるのである。言葉が心にかたどりを与えるというのは、そういうことだ。

こうして言葉が心の*機微を表わすようになる。が、これは、言葉が心をじゅうぶんに表現できないというのとじつは同じことである。ひとつの言葉がそれを表わしても、それにおさまりきらないものがかならずあるからである。言葉はひとつの切り取りであり、別の切り取り方をすれば、別の表情がそこに生まれるからである。

表わすもの（言葉）とそれによって表わされるもの（このばあいなら心や感情）との関係は、これほど動的であり、錯綜している。あるいは、*レヴィ=ストロースの言葉を借りて、意味するものと意味されるものの関係は、つねに不均衡でありつづけると言ってもよい。

こう考えると、言葉はけっきょく言い尽くせないものである。だからといって安易に言わないほうがいい。言葉では言い尽くせないものがある、と。というのも、言葉で「分ける」から、「もの」は存在するようになるからである。「言葉にしえないものがある」というのは、正確に表現するという苦行に耐えきれないことへの言い訳にすぎないことが多いからである。

逆にまた、警戒したほうがいい。言葉が「事実」を作り上げるのを。言葉は、存在しないもの、現にある以上のものを、存在させもするからである。＊冤罪《えんざい》やでっち上げなど、言葉が「事実」や「現場」を立ち上がらせてしまう怖さを、わたしたちは知っている。だれかがその言葉を口にすることで、「事実」が独り歩きしだす。その「事実」を前提に、ひとびとが口々に「事実」をののしり、嘆き、非難する。無意味なわめきたて、つまりは「空語」が横行しはじめるのである。ここでは「事実」はただの言葉にすぎない。言葉に言葉を重ねるというかたちで「事実」が生成するのである。ここでひとは、[C]によってではなく、言葉によって惑わされている。「ない」ものによって、右往左往させられているのである。

（鷲田《わしだ》清一《きよかず》「〈想像〉のレッスン」）

＊錯綜＝複雑に入り組むこと。　＊綾＝含みのある表現やニュアンスのこと。
＊同定＝そのものであると確認すること。　＊あわい＝間、境界のこと。
＊アンビヴァレンツ＝相反する感情の併存とその間の揺れのこと。
＊機微＝表面的にとらえることのできない心の動きのこと。
＊レヴィ＝ストロース＝フランスの社会人類学者。　＊冤罪＝無実の罪。

---

(1)【接続語補充】[A]・[B]に入る言葉として最も適切なものをそれぞれ次から選び、記号で答えなさい。（5点×2）

ア なぜなら　**イ** まして　**ウ** ところが
エ たとえば　**オ** では

A［　　］　B［　　］

(2)【語句の意味】――線部①の意味として最も適切なものを次から選び、記号で答えなさい。（10点）

ア 特に何も言う必要がないさま。
イ 言葉では表現しようがないさま。
ウ 実にうまく言い当てているさま。
エ 表現に違和感を感じるさま。

［　　］

記述

(3)【指示語の内容】――線部②について、「言葉のはたらき」とは具体的にはどういうことか。五十字以内で答えなさい。（20点）

重要

(4)【適語補充】[C]に入る言葉として最も適切なものを次から選び、記号で答えなさい。（10点）

ア 過去　**イ** 現実　**ウ** 感性　**エ** 空想

［　　］

論説文 ①

時間 40分
合格 80点
得点 ／100

ここをおさえる！
● 段落どうしの関係を考え、論理の展開をつかもう。

［　月　日］

解答→別冊2ページ

1 次の文章を読んで、あとの問いに答えなさい。〈栃木〉

[1] 西洋の造園における樹木の取り扱いかたは、庭園を建築としてかんがえる立場である、といってもよいだろう。建築というものは、正しく人工的に計測された素材が、きっちりと組みあわされてできあがる。建築には、いろんな様式があるけれども、この原則だけはかわらない。寸法だの大きさだのがあわなければ、容赦なくノコギリやカンナをあてて切りきざんでしまう。建築は、つねに、幾何学的精神によってつくられてゆくものなのだ。そして、①建築が、寸分のちがいもなく造形されてゆくのとまったくおなじ哲学が、庭の植木にもあてはめられてしまっているように、わたしにはみえる。

[2] *ルネッサンス式の庭園は、かなりひろい範囲につたわったようである。イギリスでも、上流社会の人々のなかには、*ラテン的な庭園様式を好む人があり、わたしは、イギリス荘園屋敷でずいぶん幾何学的な庭をみた。

[3] 東洋でも、インドのタジ・マハールなどはイタリア人を設計者としてつくられただけに、その基調になっているのは、「建築」としての庭園の観念であり、さらに東に移って、タイのアユテヤ宮殿の庭にも、動物のかたちに刈りこまれた立ち木がある。石だの、植物だのという「自然」を、情け容赦なく切ったり、きざんだりして建築化してしまうこと——それが西洋における庭園というものの本質なのであった。

[4] ところが、日本の庭園は、建築的というよりは風景的であった。それは「自然」を切りきざむのでなく、「自然」そのもののもつ造形性に着目し、それを配列することによって庭園ができあがるのだ、と日本人はかんがえた。

[5] もちろん、植物にぜんぜんハサミやノコギリをいれない、という放任的な「自然」がいい、というわけではない。いや、日本の庭師は、西洋の造園技師以上にこまやかに植物に手入れをする。しかし、それは、植物を素材にして彫刻するのでなく、それぞれの植物がその内部にもっている可能性を発見し、その可能性をのばすことを目標にしている。松には松らしさがあり、梅には梅らしさがある。それぞれの植物の「らしさ」を発見すること、そして②その「らしさ」を実現すること——それが日本の造園というものなのだ。

[6] ③西洋庭園の立場でいえば、もっとも理想的な庭木とは、クセがなく、まっすぐにのびた木である。左右対称であれば申しぶんない。枝がへんに曲がっていたりすると、幾何学的な刈りこみができないから不都合である。

[7] しかし、日本人は、まったく逆の発想をとる。クセのない木は、おもしろくない。「自然」というものの味わいは、人間の小手先の技術では、とうていつくったり、模倣したりすること

のできない微妙な屈曲だの、コブだの、それがおもしろいのである。枝ぶりのいい木、というのは、オモチャのようにととのった木のことではない。それは、④人知を絶した自然の妙がつくりだす、ふしぎな造形のことなのだ。そういう自然のはたらきにわれわれは感動し、その枝ぶりをたのしむのだ。

（加藤秀俊《かとうひでとし》「日常性の社会学」）

＊ルネッサンス式の庭園＝西洋の庭園様式の一つ。
＊ラテン＝イタリア、フランス、スペインなどを中心とした文化や人々。

重要
(1)【内容把握】――線部①とあるが、その根本にある考え方を簡潔に表している言葉を、1段落中から抜き出しなさい。(5点)

［　　］

(2)【内容把握】――線部②とは、どういうことか。最も適切なものを次から選び、記号で答えなさい。(5点)　［　　］

ア　植物を素材にして彫刻する。
イ　植物がもっている可能性をのばす。
ウ　植物をありのままに観賞する。
エ　植物の本来あるべき姿を発見する。

記述
(3)【内容把握】――線部③では、「自然」をどのようなものととらえているか。本文中の言葉を用いて、三十字以内で答えなさい。(10点)

重要
(4)【対照的な表現】――線部④と対照的な意味で用いられている言葉を、本文中から十字以内で抜き出しなさい。(10点)

(5)【段落区分】この文章を、内容のまとまりの上から四つに区切るとすれば、最も適切な区切り方はどれか。次から選び、記号で答えなさい。(10点)　［　　］

ア　〔1〕―〔2 3〕―〔4 5 6〕―〔7〕
イ　〔1 2〕―〔3 4〕―〔5〕―〔6 7〕
ウ　〔1 2 3〕―〔4〕―〔5〕―〔6 7〕
エ　〔1 2 3〕―〔4 5〕―〔6〕―〔7〕

(6)【要旨】本文で、日本の庭園について筆者が述べていることはどれか。次から選び、記号で答えなさい。(10点)　［　　］

ア　日本人は、西洋の考え方を取り入れることで、人間と「自然」とが見事に調和した庭を創造している。
イ　日本人は、「自然」が元来もっている特徴をとらえ、それを生かすような庭づくりを理想としている。
ウ　日本人は、庭の手入れをひかえることで、「自然」が本来もっているふしぎな造形を実現させている。
エ　日本人は、「自然」のもつ可能性をのばそうとする点では、西洋の造園と共通する発想をもっている。

2 **次の文章を読んで、あとの問いに答えなさい。**（栃木）

1 原日本人の境界認識として、ウチ・ソト認識の外側にヨソという世界がある。ウチ＝自分中心の仲間、ソト＝その外側の関係ある世界、ヨソ＝無関係で無視できる世界、というわけである。昔の人はウチのものには親しみのあるくだけた言葉を使い、ソトのものには敬語を使い、ヨソのものは「ヨソ者」だからコミュニケーションせずに無視した。同じ電車に乗り合わせた乗客は何も問題が起こらなければ物体として無視できる［A］であるが、話をしたり文句を言ったりするような関係が生じた時点で［B］のものになる。

2 いまの日本人の礼儀語*不足は、ウチ・ソト・ヨソ認識に狂いが生じたことが原因と考えられる。ヨソのものがソトのものになっているのに、態度や言葉は依然としてヨソ扱いのままなのである。それが言うべき言葉を言えない理由である。大学の教師が授業中の学生の私語に業《*ごう》をにやしているが、いまの学生にとって、目の前にいる教師は自分と関係のあるソトの人間ではなく、自分と無関係で無視できるヨソの人間なのである。だから、電車の中で友人としゃべるのとまったく同様に、①授業中声をひそめるでなく友人と会話ができる。

3 日本人は、有史以来上下関係の中で生きてきた。その中で、上位者には敬語を使い、下位者には使わないという原則の中でコミュニケーションを行い、うまく人間関係を構築してきた。現代の日本人は平等意識が非常に高いので、ある程度付き合って親しくなると、上下関係が自動的に消滅し、ついでに敬語も敬意もなくなってしまうことが往々にしてある。逆に、相手を上位者として扱うということは、自分から遠ざけることであるから、親しい相手にはかえって水くさいと受け取られたりする。

4 これから日本人が平等社会の中で良好な人間関係を構築していくには、礼儀語の充実が不可欠である。乱暴なののしりは気心の知れたウチの人間関係の中でしか許されない。ところが、②自分が不安なあまり、まわりの人をすべて自分の味方（ウチ）に取り込もうとしてウチの人間関係を拡大した結果、相手との距離が失われ、互いの攻撃が直接心身に及ぶようになってしまった。それが殺伐とした社会の背景にあると思われる。

5 良好な人間関係はいかに多くのソトの人を持つかにかかっている。気心の知れた友人が小数しかいないのは当たり前であって、単純に友人の多い少ないで人間関係のよしあしをはかることなどできはしない。だから、良好な人間関係を構築するには、まず自分の不安を克服すること、まわりを味方で固めなくてもだいじょうぶなだけの確固たる自我を確立することである。そうすれば、小数のウチ以外の人は大切なソトの人間として丁重に扱わなければならないという気持ちになるだろう。

6 われわれが満員電車の中で、

「すみません、その傘、向こうへやっていただけませんか。」（濡《ぬ》れた傘がさわった。）

「もう少し小さな声で控え目に話していただけませんか。」（声がうるさい。）

と何の抵抗もなく言えるようになってはじめて、知らない人との③良好な人間関係を築いたといえるのではなかろうか。そういう社会をこそ、われわれは志向すべきなのである。

＊礼儀語＝敬語の一種として筆者が提唱している用語で、親しくない人に対して使う、丁重なエチケットの言葉。
＊業をにやす＝思うようにいかず、いらいらする。

（浅田秀子《あさだひでこ》「敬語で解く日本の平等・不平等」）

(1)【適語補充】［A］・［B］に入る言葉の組み合わせとして最も適切なものを次から選び、記号で答えなさい。（5点）［　　］

ア　Aヨソ　Bソト　　イ　Aヨソ　Bウチ

ウ　Aソト　Bウチ　　エ　Aソト　Bヨソ

(2)【理由説明】――線部①とあるが、筆者はその理由をどのように考えているか。次から選び、記号で答えなさい。（10点）［　　］

ア　いまの学生は、大学の教師が教える知識を必要がないと思っているため。

イ　いまの学生は、大学の教師を親しみやすい対等な存在と捉《とら》えているため。

ウ　いまの学生は、大学の教師を自分たちと無関係な存在と考えているため。

エ　いまの学生は、大学の教師の話より友人との話を重要と感じているため。

(3)【内容把握】――線部②とあるが、どうすることが自分の不安を解消することになると筆者は考えているか。本文中から十五字以内で抜き出しなさい。（10点）

記述

(4)【内容把握】――線部③とあるが、相手とどのように接することが「良好な人間関係を築く」ことになるのか。四十字以内で答えなさい。（15点）

重要

(5)【段落の関係】段落の関係を説明したものとして最も適切なものを次から選び、記号で答えなさい。（10点）［　　］

ア　②段落は、①段落で示した論全体の基礎となる考え方を用いて、具体的な社会現象を説明している。

イ　③段落は、②段落で示した具体的な社会現象と、過去の社会現象とに相通じる性質を指摘している。

ウ　④段落は、③段落で示した過去の社会現象と比較しつつ、現代の望ましい具体例を再提示している。

エ　⑤段落は、④段落で示した現代の具体例から、将来起こりうる不安な状況を予想し、警告している。

第3日 論説文 ②

時間 40分
合格 80点
得点 /100

ここをおさえる!
● 表現の仕方に注目して、筆者の考えをつかもう。

［ 月 日］

解答→別冊3ページ

1 次の文章を読んで、あとの問いに答えなさい。（親和女子高—改）

効果的な表現法はいろいろあるが、①大仰に文章上達の秘訣《ひけつ》と号する奥の手は、どうやら存在しないらしい。手品まがいの妙技を当てもなく嗅《か》ぎまわるのは無駄。楽に何でも書けるそんな手軽な秘技を追い求めるなんて、だいいち人間としてみっともない。万能薬はないのだと潔く諦めて、すぐに次のステップに進もう。読み手の負担を減らし、せめて相手に迷惑をかけない程度の基本的な文章作法がはたして身についているかどうか、いやいやでも、ぜひ自分で点検する作業から始めたい。いくら気が進まなくとも、結局そのほうが堅実であり、上達も早いはずである。

それはむろん、いくら努力しても思うような文章はなかなか書けない。まして完璧な文章なんて自分にはとうてい無理だ。誰しもそう感じる。また、事実そのとおりだろう。だとしても、努力を放棄するのはもったいない。②完璧な文章なんて、そんな出来もしないものを、初めから目ざさなければいいのである。

ここは開き直ろう。欠点がないだけで魅力にとぼしい文章など書きたくない。むしろ欠点だらけでも、書いている人間の精神のリズムが脈打ち、いつかそれがそのまま読み手の鼓動となる、できればそんな文章を書いてみたい。若き日の自分を顧みると、訳もわからず、そんな不遜なことを考えていたような気がする。おまけに、表現の呼吸をつかむには、日頃からいい文章に接しておく体験こそが肝要だと信じていたらしい。戦前の谷崎潤一郎《たにざきじゅんいちろう》や戦後の三島由紀夫《みしまゆきお》、のちに丸谷才一《まるやさいいち》ら作家の書いた『文章読本』を別にすると、いわゆる文章作法書の類《たぐい》を事実ほとんど手にしなかったように思う。

どんなにすばらしい理論であろうと、それを展開する文章自体に読者をひきつける力がなければ、その種の本は説得力がない。著者ならみずからその理論を当然マスターし、実践しているにちがいなく、そこに文章力の成果が反映しているはずだから。これは今考えての理屈で、当時の自分がどこまで意識していたかはわからない。ともあれ、こんなふうに書きたいと思わせる文章で作法を説く一冊にめぐりあわなかったのは事実である。

そんな若者を勇気づける決定打となったのは、きっと学部時代からの終生の恩師が何かの折にふともらした、あの思いもかけない一言だったにちがいない。当時お茶の水女子大学の学長で文章心理学の開拓者として知られた波多野完治《はたのかんじ》は、なんと、これまで文章作法を説く本がろくな文章で書かれたためしがないと涼しい顔でつぶやいたのだ。ろくに読んだこともない人間に、むろんそれが事実かどうかはわからない。真偽のほどはどうであれ、にこやかな表情から飛び出したその痛烈な一言が、ぽっと出の青年の③胸にいつまでも棘《とげ》のように突き刺さって抜けなかったことだけは否定できない。

そこに何が書いてあっても、その文章が訴えかけてこない作法書は自分に縁がない。今振り返っても、そういう判断自体が基本的に誤っていたとは思わない。だが、ある日、妙なことに気づく。涼味をそそる風鈴も、鶯《うぐいす》の声も蟬《せみ》しぐれも小川のささやきも、ふっくらと焼けたフランスパンの香りや芳醇《ほうじゅん》な酒も、それを味わう人がいてこそ生きる。山や海や庭や花という自然そのものは実在しても、もしもそれを眺める人間がいなければ美という認識は生まれないし、そもそも風景とすらなりえない。文章だって同じではないかと、はっとした。どれほどすぐれた完璧な文章でも、誰かが読まなければ何の価値もない。貴重な情報も、感銘を与えるはずの秀《ひい》でた表現も、すべてはまず、人に読まれるところから始まる。ある日、そんなわかりきった事実にようやく思い至ったのである。

（中村明《なかむらあきら》「日本語の作法　しなやかな文章術」）

重要

(1)【内容把握】――線部①とあるが、筆者が文章上達のためにまず勧めているのはどのようなことか。それを説明した次の文の［a］・［b］に入る最も適切な言葉を、aは八字、bは七字で本文中から抜き出しなさい。ただし、句読点等も字数に含める。（10点×2）

読み手を困らせない程度の［a］が身についているかどうかを、［b］こと。

a ［　　　　　　　　］

b ［　　　　　　　］

(2)【内容把握】――線部②とあるが、筆者が若い頃に目ざした文章とはどのようなものか。その内容として最も適切なものを次から選び、記号で答えなさい。（10点）［　］

ア 自分の思いが少しでも正確に読み手に伝わるよう、できるだけ誤りのないことば遣いで書かれた文章。

イ 文章作法書を手にしたことがないような読み手でも、いい文章だと感心するような、欠点のない文章。

ウ 欠点は多々あっても、書き手の思考の跡や感情の揺れがストレートに読み手の心に伝わるような文章。

エ 理論が整然と展開され、どんな立場の読み手でも思わずうなずいてしまうような説得力に満ちた文章。

記述

(3)【表現の意味の把握】――線部③とはどういうことか。それを説明した次の文の［　］に入る言葉を、比喩の意味がわかるようにして二十五字以内で答えなさい。（20点）

恩師がふともらした一言が自分と同様の考えを示していたことが、筆者の［　　　　］ということ。

2 次の文章を読んで、あとの問いに答えなさい。（佐賀）

情報化社会とは、ハード（情報機器）よりもソフト（情報内容）が重視される世の中のことだ。ソフト重視の世の中では、何よりも一人ひとりの人間が個性的であることが求められる。個性的といっても、なにもすべての人々が奇妙な振る舞いをしたり、一芸に秀《ひい》でなければならないという意味ではない。これまでの日本人のような均質で画一的な生き方をするのではなく、それぞれが個人として自分なりの考え方や生き方を持つということだ。

ところが、情報源をマスメディアだけに頼っていると、みんなが似たような知識の断片を共有することになる。その結果、どの人も同じような物の見方や考え方をするようになってしまうわけだ。ワイドショーでXさんのコメントを聞いた人はXさんの意見、新聞でYさんの解説を読んだ人はYさんの意見を、それぞれ、さも自分の意見であるかのように語っているだけ。①これではいくら「情報」を集めているつもりでも「個」を確立することができず、ソフト重視の情報化社会に逆行することになる。

本来、情報は各個人が自分独自の考え方や生き方を形成するための素材となるべきものだ。オーダーメイド*の洋服をつくるための生地に当たるのが情報だといえばいいだろう。そうなって初めて、情報化社会は個性にあふれたものになる。

世の中にあふれている情報に流されずに自分らしい考え方や生き方をつくり上げるためには、いったい何をどうすればいいのかと、途方に暮れる人もいるだろう。でも、情報がメディアの中にあるものだという先入観さえ捨てれば、これはそんなに難しい話ではない。もともと情報というのは公的（パブリック）な場所にあるものではなく、一人ひとりの人間が持っている私的（パーソナル）なものだと思う。

だいたい情報という言葉に含まれている「情」という文字は、無味乾燥な客観性を意味するものではないだろう。情熱、感情、情念といった言葉と同様、「情報」にも人間らしい主観的な判断や感覚が必要なのだ。これは、明治、大正期の代表的作家である森鷗外《もりおうがい》がドイツ語から翻訳した言葉らしい。さすがは鷗外、最初から情報の本質を見抜いていたに違いない。

したがって、主観的な情報、一人の人間の個人的な価値観や経験などによる偏った見方や物の考え方を含む情報こそ、本物の情報だといえる。極論すれば②テレビのキャスターのコメントではなく、近所のおばさんの世間話の中に情報はあるのだ。なかには偏見に満ちているものもあるだろうし、独善的なものもあるだろう。でも、拒絶する必要はない。それも一つの見方として受け入れて、参考にしていけばいい。自分の生き方や考え方をつくるための素材にすべきなのは、そういう生々しい情報なのだ。

これらの「情報」を与えてくれるのは、人間しかいない。つまり、自分なりの情報ネットワークをつくるということだ。そのため情報化社会では、ビジネスライク*な人脈ではなく、生活レベルでの深いつながりが重要になってくる。

いろいろなタイプの友だちがいれば、それだけ物の見方や考え方は幅広くなる。自分とは正反対の意見を持っている友だちもいれば、意外な角度からの視点を与えてくれる友だちもいるだろう。かけ離れている存在だからこそ、つきあっていて面白いということもある。そのネットワークはマスメディアとはまったく違う③個人的なネットワークだから、そこから得た素材によってつくり上げた意見や発想は、間違いなく自分独自のものになる。それが自分の個性だ。そして、友だちの数が多ければ多いほど、そこからつくり上げられた個性は豊かなものになる。

（横澤彪《よこざわたけし》「大人のための友だちのつくり方」）

＊オーダーメイド＝注文によってつくること。
＊ビジネスライク＝事務的に事を選ぶ様。

(1) 【理由説明】——線部①とあるが、それはなぜか。その理由を説明したものとして最も適切なものを次から選び、記号で答えなさい。（10点）［　　］

ア　マスメディアには様々な種類があり、それをテレビと新聞に限定してしまうと断片的な知識しか得られないから。

イ　マスメディアから仕入れた知識をそのまま受け入れるだけでは、自分なりの意見をつくり上げることが難しいから。

ウ　マスメディアで述べられる意見はどれも当たりさわりのないありふれたもので、新鮮さに欠けるものばかりだから。

エ　マスメディアは利益を追求する商業主義のために常に真実を伝えるとは限らず、時には誤ったことを伝える場合もあるから。

記述

(2) 【内容把握】——線部②とあるが、ここで、筆者は「情報」をどういうものであると言っているのか。「情報とは、……ではなく、……。」という形で、本文中の言葉を用いて、三十字以内で答えなさい。（10点）

(3) 【内容把握】——線部③について、筆者はこれをつくる上で大切なものを何と考えているか。本文中から十五字以内で抜き出しなさい。（10点）

重要

(4) 【要旨】本文からうかがえる筆者の意図を説明したものとして最も適切なものを次から選び、記号で答えなさい。（20点）［　　］

ア　情報化社会を否定する意見を述べながらも、情報発信源としてのマスメディアとのよりよい接し方を模索していこうとしている。

イ　現代における情報化社会の問題点を指摘し、情報に頼りすぎるあまり個性を軽視する現代人の生き方に潜む危険性を指摘している。

ウ　情報を一般的な常識とは異なった視点からとらえ、現代の情報化社会の中で自分らしく生きる方法を明らかにしようとしている。

エ　情報化社会におけるマスメディアの重要性を強調し、そこから得た情報をもとに自分固有の生き方を築くことの意義を述べている。

第4日

論説文 ③

時間 40分
合格 80点
得点 ／100

ここをおさえる！
①文章どうしのつながりを考え、論理の展開をとらえよう。
②最終段落に注目し、筆者の主張をとらえよう。

［　月　日］

解答→別冊4ページ

1 **次の文章を読んで、あとの問いに答えなさい。**（大阪信愛学院高―改）

では、どうしたら考える力を養うことができるのか。

これはもう、何はともあれ、［A］を増やすことから始めるしかありません。

［X］「考える」とは、自分の中にある情報（インプット）をもとに、自分なりの結論（アウトプット）を導き出す作業です。質の高い［B］をするためには、まずは［C］が不可欠なのです。

実は私は、NHKの「週刊こどもニュース」を担当して、初めてインプットがスムーズになったという思いがあります。

もちろん記者時代、記事を書いて［D］をしていたのですが、その時代はとにかく取材したものをそのまま記事にしていただけでした。

記者としての訓練を受けたとき「中学校を卒業して社会経験数年の人にもわかる原稿を書け」と指導されたのですが、自分の知ったことを、小学生にもわかるように伝えようという意識はまったく持っていませんでした。

そういえば新人時代、記者の原稿をチェックする立場のデスクが、「書類送検なんて難しい言葉を使うな、書類を検察庁に送りました、と書け」と指導していたことを思い出しました。「書類送検」とは、警察が容疑者を逮捕しないで取り調べ、調べた書類を検察庁に送ることです。検察庁に送るから「送検」です。

それまでの私は、自分で知ったことを「①伝える」という意識が足りなかった。ただ独りよがりに「これでわかるだろう」と思い込んでいただけだったと思い知りました。「週刊こどもニュース」を始めてからは、［Y］、小学校高学年の子どもたちにニュースをわかってもらわなければなりません。そのためには、「どのような伝え方をすればいいのだろうか？」という問題意識につながります。そのうえで、「この話を入り口にもってきたらどうか」とか、「何か適当なたとえ話はないだろうか」とか、さまざまなことを調べ始めます。そして、とことん考える。

あるとき、番組で「国の予算」について取り上げたことがありました。「日本は国のお金が足りないので、国債という借金をしています」と説明しました。すると視聴者の子どもからハガキが届きました。

「国にお金が足りなければ、もっとお金を刷ればいいんじゃないですか？」

［　Ⅰ　］

そこで経済学の教科書や参考書を片っ端から調べました。［Z］そんな根本的な説明はどの本にも載っていなかったのです。仕方がありません。私は本に頼らずに自分で考えて、わかりやすく説明するための模型をつくってもらいました。

そこで初めて②「インプットというのは、こうするんだ」とわかった気がしたのです。

アウトプットはインプットの力を引き出すのです。そこで、読者のあなたに提案です。「知識が身についたかな」と思えば、ぜひそれを誰かに伝えてみてください。

実際に伝えてみようとすると、きっと思いのほかうまくいかないはずです。そこで「なぜだろう」と考える。必要だと思えば、さらに周辺情報を調べていく。たぶんこれが重要なのです。

（池上彰《いけがみあきら》「考える力」）

(1)【内容把握】――線部①は「アウトプット」「インプット」のいずれにあたるか。一語で答えなさい。（5点）

［　　　］

(2)【適語補充】A～Dにはそれぞれ「アウトプット」「インプット」のいずれかが入る。「アウトプット」なら**ア**、「インプット」なら**イ**と答えなさい。（2点×4）

A［　］　B［　］　C［　］　D［　］

(3)【適語補充】X～Zに入る言葉として最も適切なものをそれぞれ次から選び、記号で答えなさい。（2点×3）

X［　］　Y［　］　Z［　］

ア だから　**イ** ところが　**ウ** そもそも

エ とにかく　**オ** なまじ

重要

(4)【適文補充】Iには次の**ア**～**エ**を並べ替えた文章が入る。正しい並び順になるよう、解答欄の［　］に**ア**～**エ**の記号を入れなさい。（7点）

［　］→［　］→［　］→［　］

ア 大人なら、国がお札をどんどん刷ればインフレになることを知っています。

イ 政府が（正確には日銀ですが）お金をどんどん刷ったらインフレになるということを、どう説明したらいいのか。

ウ なるほど、いい質問です。

エ でも、子どもにはそんなことはわかりません。

記述

(5)【内容把握】――線部②について、筆者がわかったことの内容を、「考える」「調べる」「伝える」のうち二語以上を必ず用いて、「とわかった。」につながるよう四十字以内で答えなさい。「考える」「調べる」「伝える」は、活用させて使ってもよい。（10点）

とわかった。

重要

(6)【意味段落の把握】本文を三段落構成と考えた場合、第二段落、第三段落のはじめにあたる一文節をそれぞれ抜き出しなさい。（7点×2）

第二段落［　　　］　第三段落［　　　］

2 次の文章を読んで、あとの問いに答えなさい。〔國學院高〕

小説「*楢山節考《ならやまぶしこう》」が発表された時、衝撃をもって受け止められたのは、ただ棄老《きろう》伝説を甦《よみがえ》らせ、忘れていた黒く重い影を読む者に突きつけたからだけではありません。それのみであったなら、昔は酷《むご》いことが行われていたものだと驚き、今はそのようなことのない世の中になっているのに安堵《あんど》して終《おわ》ったかもしれない。

「楢山節考」には、しかしもう一つの切実なドラマが含《ふく》まれている。前に触れたおりんの自らすすんで山に行こうとする意志と、それを実行せねばならない家族、とりわけ息子・辰平《たつへい》との間に生ずるドラマです。楢山は四つも山を越えた先にある道もない山なのだから老人が歩いて行ける筈《はず》はない。辰平の背負《しょ》う背板に乗っていくのです。つまり息子は自分で母親を捨てに山道を辿《たど》らねばならない。なんとも辛い道程です。そこは胸締め付けられる場面ではありますが、それを実行させるおりん自身の姿に一層深い感動を覚えます。おりんはいやいやながら山に捨てられるのではなく、自ら進んでそこに行こうとするのです。

おりんは山に行くかなり前から準備にとりかかっています。出かける際の振舞酒や、山で坐《すわ》る莚《むしろ》などは三年も前に作っています。気にかかっていた息子の後妻も来てほとんど心残りがなくなりますが、もう一つだけ済ませねばならないことがある。

年を取っても一本も抜けることのなかった歯を恥じて、①自分でそれを欠く仕事です。楢山まいりに向《むか》う時には「歯も抜けたきれいな年寄り」（新潮文庫『楢山節考』、以下同）になって出発したいとの願いをおりんは抱いています。そこで上下の前歯を火打石で叩《たた》いてこわそうとするけれど丈夫な歯は容易に欠けてくれない。遂には石臼《いしうす》の角にぶつけて上の前歯をようやく二本欠くことに成功する。予約を取っては歯科医のもとに通い、虫歯の治療《ちりょう》をしたり入れ歯を作ったりに励む我々には考えも及ばぬような行為《こうい》です。どうしておりんはそんなことをするのか。食べる物の乏《とぼ》しい村では、年を取っても揃《そろ》ったままの歯は食欲の旺盛《おうせい》さ、食い意地の強さを窺《うかが》わせ恥ずべき姿と感じられるからです。

同時にその裏には、「歯も抜けたきれいな年寄り」という言葉からも察せられるような「年寄り」の姿とか形なるものが存在していたことを想像させます。年寄りらしい年寄り、老人らしい老人の存在です。そこを目指して老いて行くことの出来る理想のモデル、と言ってもいいかもしれない。そして今日では、そのようなモデルを容易に見出し得ないことに気づきます。年寄りらしくない年寄りにはいくらでも出会えるのに、いかにも年寄りの名にふさわしい、といった年寄りを見つけるのは難しい。

おりんが目指す「きれいな年寄り」は、

［　Ⅰ　］

けれど人間を古い共同体の掟《おきて》から解放し、酷い風習から自由にした動きそのものが、一方ではおりんの思い描く「きれいな年寄り」を追放したことも見逃されてはなりますまい。つまり、おりんの描く理想の老婆《ろうば》像は「楢山まいり」の時代のものであって、世の中が変《かわ》れば最早《もはや》通用しなくなったとしても不思議ではありません。

どの時代とどの時代との間にも、似たような関係はあると思われます。安土桃山時代と江戸期との間にも、江戸期と明治との間にも、明治と大正・昭和の間にも、昭和も敗戦前と戦後との間にも、夫々《それぞれ》大きな暮《くら》しの変化があったろうし、人々はそれを乗り越えて生きて来た。そしておそらく、各時代時代の老人像というものが生み出されて来たに違いありません。しかしその像の輪郭は、現代に近づくにつれ次第《しだい》にぼやけて来ているのではないでしょうか。とりわけ二十世紀半ばの敗戦以降、つまり戦後にはいると我々の老人像は急速に曖昧なものとなって来る。敗戦前まではまだそれなりのリアリティーのあった②*「隠居」という言葉が死語と化したのもその端的な表れの一つでしょう。

（黒井千次《くろいせんじ》「老いるということ」）

*楢山節考＝深沢七郎《ふかざわしちろう》の短編小説。民間伝承の棄老伝説を題材とした作品。棄老伝説とは、役に立たなくなった老人を山に棄《す》てたという伝説。

*隠居＝勤めを辞めたり家督《かとく》を譲《ゆず》ったりして気ままに暮らすこと。

(1) 【内容把握】――線部①をする理由として最も適切なものを次から選び、記号で答えなさい。（15点） ［　　］

ア 共同体の中において食欲の旺盛さを表してしまう健康な歯は、家族にも知られないように処理するしかなかったから。

イ 共同体で生活するだけでも周囲への配慮《はいりょ》が必要なのに、健康な歯を持つ老人を抱える苦労までさせたくなかったから。

ウ 共同体の掟に逆らってでも、自らの身体を傷つけて、自分の理想とする老人のイメージに近づこうとしたから。

エ 共同体の中で死んでいくものが「きれいな年寄り」のままでは、恥ずべきものとして笑われてしまうから。

オ 共同体の掟の中で理想とされている「年寄り」になることができなかったので、形だけでも近づけようとしたから。

重要

(2) 【適文補充】 Ｉ には次のＡ～Ｄを並べ替えた文章が入る。最も適切な並べ方をあとから選び、記号で答えなさい。（20点） ［　　］

Ａ それを打破してよりよい生活を呼び寄せようとするのは当然の歩みです。

Ｂ 厳しい暮《くら》しの条件が作り出し、共同体の掟として強制されたものであったろうと思われます。

Ｃ 近代化とはその道程でもあったのでしょう。

Ｄ そして長い歳月をかけて暮しは次第《しだい》に豊かなものとなって来た。

ア Ｂ→Ａ→Ｄ→Ｃ　イ Ａ→Ｂ→Ｄ→Ｃ　ウ Ａ→Ｃ→Ｄ→Ｂ

エ Ｂ→Ｃ→Ｄ→Ａ　オ Ｂ→Ｄ→Ｃ→Ａ

(3) 【内容把握】――線部②の背景にはどのような理由があると筆者は考えているか。その説明として最も適切なものをあとから選び、記号で答えなさい。（15点） ［　　］

ア 昔は「老人はかくあるべし」といった制度が運用されていたが、現在は形骸《けいがい》化してしまっているから。

イ 昔は各時代時代の明確な老人の形が生み出されたが、現在はその輪郭がぼやけたものとなっているから。

ウ 昔は老人も張りのある精神を持っていたが、現在は若くありたいという願望しか持たなくなっているから。

エ 昔の老人は時代の課した条件に惑わされていたが、現在では誰でも「きれいな年寄り」になっているから。

オ 昔の老人は長寿であることに敬意が払われたが、現在は煙たがられていて心から祝われることは稀だから。

第5日

小説①

時間 40分
合格 80点
得点 /100

ここをおさえる!
● 登場人物の会話や行動から、心情を読み取ろう。

[月 日]

解答→別冊6ページ

1 次の文章を読んで、あとの問いに答えなさい。 (岩手—改)

「あ」と声がした。黙々と転石を割っていた海也《かいや》が、こちらを見上げている。

「兄ちゃん、これ見て」

大地が腰をかがめると、海也の手元に黒光りするものがあった。

「うわあ、きれい。これ化石でしょ」美子が大きな声をあげた。

割れた面から浮き出した葉の輪郭に、白い指で触れる。

「一億年前の化石*なんざ【なんだ】」と海也が言った。「へえ、そんなに長い間……ずっと土の下に閉じこめられてて、なにか寂しげな感じね。すごいなあ。風見君は、化石採集が趣味なんだ……」

美子を無視し、大地は海也が叩《たた》いた石に顔をよせた。①最初は見間違えかと思った。しかし、違う。本物だ。さっきのと同じ、イチョウモドキで、保存のよい葉が七つ。そして、それらの合間《あいま》に、サクランボのような形のものが六つ枝についたままの状態で保存されていた。

「どうしたんにゃ【どうしたの】」と海也が言った。「どうしたの、風見君」と美子。

「すごい保存状態だ。ほら果実まで残ってる……」

「それはすごいこと? なの?」と美子。

「……ぼくが発見しんたにゃろか【したんだろうか】」海也は目を見開いた。

「ああ、海也の発見だ」

偶然の発見なのに、大地は嫉妬*を覚える。いつもこいつはそうだ。昆虫採集だって、ギターだって、兄が興味を持って始めたものに後からついてきて、すぐに兄を追い越した。

②大地は、その標本を持参していた新聞紙で包み、デイパック*の中に詰め込んだ。なんとなくやる気が削《そ》がれてしまって、「帰るぞ」と海也に言った。

返事がない。海也は美子と一緒に断崖の下まで歩み寄り、何かを話し合っているのだ。海也の「んにゃ」や「にゃろか」が聞こえてくるだけで、内容は分からない。大地が歩み寄るとこっちを見た。

「兄ちゃん、今、話しとったんだけど、なんで兄ちゃんは下に転がった石ばかり叩いたんにゃ」

「その方が効率的だろ」大地は露頭の中程、身長の倍ほどの高さのところを指さした。「あのあたりが植物化石がたくさん出る層準だ。あそこまで登って、岩を切り出すのは大変な作業になるからな」

「あのあたりからしか出ないんだ……」美子が言った。

「化石というのは、いくつもの偶然が重なってはじめて出来る。堆積環境が違えば出てくる化石の種類が違うし、目に見える化石がほとんど出てこない地層だってある。大きな化石が豊富な場所は限られている」

「そうかあ、風見君よく知っているよね……」

涼やかな視線に□して、大地はうつむいた。

「兄ちゃん……これは、何にゃろか」

臍《へそ》の高さほどの地層を、海也はしゃがみ込んで見つめていた。

「ほら、これ」と指し示す指先には、周囲よりも黒っぽいものが露出していた。幅三センチ、長さ四〇センチ程度で、中央部は摩耗しているように見えた。

「動物化石だ」と大地は言った。


（川端裕人《かわばたひろと》「竜とわれらの時代」）


*【 】＝北陸地方の方言を共通語で表したもの。以下同じ。

*嫉妬＝うらやみねたむこと。やきもち。

*デイパック＝小型のリュックサック。

記述
(1)【理由説明】——線部①のように大地が思ったのはなぜか。本文中の言葉を用いて、二十五字以内で答えなさい。（20点）

(2)【心情把握】——線部②の大地の気持ちとして最も適切なものを次から選び、記号で答えなさい。（10点）［　］
ア 一番欲しかった化石を弟が見つけてくれたので、あとは早く帰って整理しようとあせっている。
イ 趣味にしていた化石探しでも弟に負けてしまい、無理に誘って連れてきたことを後悔している。
ウ 弟が見事な化石を発見したので、自分はもっと見事なものを見つけようと意欲が高まっている。
エ 自分が弟に越えられたように思い、緊張感や熱意が失われてきて力が抜けたようになっている。

(3)【適語補充】□に入る言葉として最も適切なものを次から選び、記号で答えなさい。（10点）［　］
ア ぎくしゃく　**イ** どぎまぎ
ウ むしゃくしゃ　**エ** はればれ

重要
(4)【心情把握】海也と美子の言葉や態度から、二人が大地に対してどのような気持ちを抱いていることがわかるか。最も適切なものを次から選び、記号で答えなさい。（10点）［　］
ア 海也は大地を頼りになる兄として慕っていて、美子は大地が化石に詳しいことを知って素直に感心している。
イ 海也は大地を目標として尊敬していて、美子は大地が自分を相手にしてくれないのでとまどいを感じている。
ウ 海也は大地を競争相手として強く意識していて、美子は大地の意外な一面を見つけて好意を持ち始めている。
エ 海也は大地をあこがれの存在として見ていて、美子は大地の弟への優しさを感じてほほえましく思っている。

2 次の文章を読んで、あとの問いに答えなさい。〔北海道—改〕

〔これは、「実良《みら》」が、弓道の団体戦（三人一組で順番に矢を一本ずつ射て、的にあたった数を相手校と争う競技）に、「早弥《さや》」、「春」とともに出場したときの話である。〕

実良は、早弥と春の一歩に合わせて、ひらりと左足を前に出した。待ちきれない右足がそれを追う。本座*から、一歩、二歩、三歩。この歩き方を「蝶々《ちょうちょう》みたいだ」と早弥に言われたことがある。確かに、実良は的に向かうときはわくわくする。だからいそいそと射位*に向かってしまう。①これから始まることが、楽しみでならないのだ。

「始め」

号令がかかる。

緩やかな所作*の間、実良は飛び立つときをじっと待っている。やがてこらえきれないように矢が離れていくとき、自分もいっしょに飛び立つような気がする。とても心地よい。

調子が悪かったとき、一番辛《つら》かったのは、中《あた》らなかったことではない。矢といっしょに飛べなかったことだった。飛び出す心地よさがなかったことだ。自分まで、矢道*に打ち捨てられたような気持ちになっていた。でも、やめようと考えたことは一度もない。

実良が部活動に弓道を選んだのは、個人競技だったからだ。自分のペースでやれる。射場に立っているときは、一人きりだ。的だけに向かっていればよい。その間だけは安全だ。射場は実良のセーフティゾーンだった。

実良は小さなころから、トラブルメーカーだった。どこに行っても、周りから浮いてしまう。教室も家もうんざりするくらいに、居心地が悪かった。

だけど、射場にいれば、だれからもとがめられない。都合の良いことに、自分には弓道のセンスがあった。セーフティゾーンに逃げこめるだけじゃなくて、賞賛ももらえた。的に中ったぶんだけ、自分は肯定される。射場は初めて自分がほめられた場所だ。

②この弓は、自分がよって立つもの。

実良は弓を構えた。肩の力を抜く代わりに、背中の筋肉に力を入れる、すべての思考を止めた。矢がうまく飛ぶには、弓と弦《つる》にこめた力だけではだめなのだ。自分の集中がいる。

ぐっと眉間に力が入った。次の瞬間、目の奥がフラッシュをたいたように、真っ白になり、ふっと体が軽くなった。

ぱんっと矢が的を射た。

次の矢は早弥が射たら、速攻で射よう。

思いついて、実良はすぐさま矢を番《つが》える。こちらが続けざまに中りを出すと、相手には相当のプレッシャーになるはずだ。

実良はタイミングを計った。ぱんっと早弥の矢が的を射た瞬間に、自分の矢も的に中《あ》てた。早弥の息合いがわかった。ぴったり自分の呼吸と重なった。

やったね、早弥ちゃん。

このごろ気づいたことがある。個人競技だとばかり思っていた弓道が、実はそうではないことに。的に向かっていたのは、自分だけではない。春、そして、早弥も同じように向かっている。おそらく同じ気持ちで。それがわかったときに、③なんとも言えない強い気持ちになった。そして気がついた。弓は自分にとって、一番大事なものだと思っていたけれど、もしかすると、もっと大事なのは、仲間かもしれない。一人きりではない。

だからやめられない。

ぱんっ。

いつの間にか、手元の矢は最後の一本になっている。

帰ってこられてよかった。と心から思う。去年は応援ばかりで、つまらなかった。今にも射場に飛び出していきたくて、むずむずしていた。

あの的をたくさん射抜きたい。かすってばかりだった的に、④十か月分のお返しをしてやるのだ。実良は丹田*に力を入れた。

（まはら三桃《みと》「たまごを持つように」）

＊本座＝射場にある、弓を射る前に控える位置。
＊射位＝弓を射る位置。
＊所作＝一定の形式にのっとった動作。
＊矢道＝射場から的のある場所までの、芝などが敷かれたところ。
＊丹田＝へその下のあたり。

記述

(1)【心情把握】――線部①とあるが、的に向かって矢を射ることが、実良にとって楽しみでならないのは、矢を射たとき、どのような気持ちになるからか。本文中の言葉を用いて、三十字以内で答えなさい。（20点）

重要

(2)【内容把握】――線部②とあるが、これは、実良にとって弓がどのようなものであるということか。最も適切なものを次から選び、記号で答えなさい。（10点）［　　］

ア 周囲の人たちに迷惑をかけてばかりいた自分に、成長するきっかけを与えたものであるということ。

イ 自分が賞賛に値するかどうかについて、周囲の人たちが判断をする根拠となるものであるということ。

ウ 自分が周囲の人たちから認められていることを確認できる、心の支えとなっているものであるということ。

(3)【心情把握】――線部③とあるが、実良がこのような気持ちになったのはなぜか。次の文の□に入る言葉を、「仲間」という言葉を用いて、二十字以内で答えなさい。（10点）

自分は□ことがわかったから。

(4)【内容把握】――線部④とあるが、「十か月」が実良にとってどのような期間かを説明した次の文の□に入る言葉を、本文中から十字以内で抜き出しなさい。（10点）

矢を射ても的に中らずかすってばかりで、試合に出られないほど□期間。

小説 ②

時間 40分
合格 80点
得点 /100

ここをおさえる！

● 小説の山場における主人公の行動や心情に着目しよう。

［　月　日］

解答→別冊7ページ

1 **次の文章は、物心がつく前に父を亡くした小学校二年生の真一が、さかあがりができず困っているところに、見知らぬ男が現れてさかあがりを教えている場面である。よく読んで、あとの問いに答えなさい。**（兵庫）

瞼《まぶた》が重くなった。いけない、と思ったとたん、涙があふれた。歯を食いしばったすすり泣きは、やがて＊嗚咽《おえつ》交じりの涙に変わり、最後は鉄棒に目元を押しつけて、声をあげて泣いた。①冷たい鉄棒に涙の温《ぬく》もりが滲《し》みていく。錆《さ》びた鉄のにおいに、しょっぱさが溶けた。

「もういっぺん、やってみい。」

男が言った。濁った声を、もう怖いとは感じなかった。一度泣いてしまえば、悲しさも恥ずかしさも消えて、残ったのは誰にぶつけていいかわからない悔しさだけだった。

「今度は脚を上げるときに『このやろう！』思うてやってみい。肘をもっと曲げて、脚いうよりヘソを鉄棒につけるつもりで、腕と腹に『くそったれ！』いうて力を入れるんじゃ。目もつぶっとけ。そうしたら、できるわい。」

②真一は鉄棒を強く握りしめた。

もう一度――これで最後。

肘を深く折り曲げ、「このやろう！」と心の中で一声叫んで、脚を跳ね上げた。ヘソをつけろ。腕と腹が痛い。目をつぶり、息を詰めて「くそったれ！」と叫び声を奥歯で噛《か》みしめた。

あと少し。いいところまで来たが、これ以上、尻が上がらない。

そのときだった。

尻がフワッと軽くなった。

掌《てのひら》で支えてもらった――と思う間もなく、体の重心が手前に傾き、腰から上が勝手に動いた。③世界が逆さに回った。自分でもなにが起きたのかわからないほどあっけなく、そしてきれいに、さかあがりは成功したのだ。

「できたじゃろうが。」

男は初めて笑った。思ったより遠くにいた。手を伸ばして尻を支えるには距離がある。ということは自分の力で……いや、しかし、半ズボンの尻には、掌で押し上げてもらった感触がまだ残っていた。

「もういっぺんやってみい。体が忘れんよう、練習するんじゃ。」

言われたとおり、何度も練習した。ずっと成功がつづいた。尻が鉄棒を越えるときに掌に支えられる、それも同じ。だが、成功して脚を地面についたあと、すぐに目を開けて確かめると、男はいつも鉄棒から離れたところで腕組みをして立っているのだった。

何度目だったろうか。初めて、掌に支えられることなくさかあがりに成功した。

「やったあ！」

思わず声をあげて男の姿を探した。
どこにもいなかった。
④神様だ、と思った。〈さかあがりの神様〉が助けてくれたのだ、と信じた。
それを確かめたくて、もう一度やってみた。だいじょうぶ。何度も繰り返した。できる。「このやろう！」と「くそったれ！」がなくても、世界は気持ちいいぐらい簡単に逆さに回ってくれる。
なぜだろう、それは初めて体験したはずの感覚なのに、⑤ずうっと昔に味わった心地よさが蘇《よみがえ》ったような気がしてならなかった。

（重松清《しげまつきよし》「さかあがりの神様」）

＊嗚咽＝声を詰まらせて泣くこと。

(1) 【心情の変化】――線部①とあるが、泣いたことによる真一の気持ちの変化が具体的に表現されている一文を、本文中から抜き出し、はじめの五字を答えなさい。（10点）

(2) 【心情把握】――線部②は、真一のどのような気持ちを表しているか。次から選び、記号で答えなさい。（10点）［　］

ア 本当だろうかと疑っている。
イ 気を取り直し決意を固めている。
ウ 悲しさで胸がいっぱいになっている。
エ できない自分にあせりを感じている。

記述
(3) 【表現理解】――線部③はどのようなことを言っているのか。「…こと。」に続くように、本文中の言葉を用いて答えなさい。（10点）

「　　　　こと。」

記述
(4) 【理由説明】――線部④のように、男を〈さかあがりの神様〉と考えた理由を、それぞれ「……から。」に続くように、二つ答えなさい。（5点×2）

「　　　　から。」
「　　　　から。」

重要
(5) 【主題】――線部⑤について、「ずうっと昔に味わった心地よさ」とは、どのようなときに感じた心地よさと考えられるか。最も適切なものを次から選び、記号で答えなさい。（10点）［　］

ア 神様を信じることによって、夢を現実のものにすることができたときに感じた心地よさ。
イ 信頼する人から保護を受けることで、怖い思いをせずに過ごすことができたときに感じた心地よさ。
ウ 一人で練習を続けることによってできたことを、だれかにほめてもらったときに感じた心地よさ。
エ だれかに見守られながら、難しかったことができるようになったときに感じた心地よさ。

2 **次の文章は、家族四人——父親、母親（澄子）、二人の子供（真一、健二）——で、林の中に新しく墓地をつくる作業をしている場面を描いたものである。よく読んで、あとの問いに答えなさい。**〔愛媛〕

1 根をつけたまま横倒しになって枯れきっていない倒木の根元にノコギリを入れた健二は、おどけて腰をふらつかせながら作業していた。枝払いの真一は一本ずつ丁寧に枝を幹からそぎ落としていった。材木にするのではないから適当でいい、と言ったのだが、真一はニヤニヤ笑っているだけだった。このようにしか仕事のできない自分の性分に照れているような、①大人びた微笑であった。

2 「やったぜ。」太い倒木を切っていると、うしろから健二のはしゃいだ声がした。振り向いてみると、彼は背を丸めて枝を切る三歳上の兄に向かって、やったんだぜ、とノコギリを差し上げてポーズをきめていた。真一はおもむろに腰を伸ばし、どれどれ、と切り口をのぞきに来た。「うーん、年輪は七本だな。」しゃがみ込んで切り口の年輪を数えた真一は、慎重にもう一度数え直しながら言った。「なんだ、ねんりんてのは。」分からない宿題を兄に聞くときと同じ*横柄《おうへい》さで健二は真一を見下ろした。「年輪ていうのはこの輪のことで、木の年齢をあらわすんだ。つまり、この木は七歳のときに死んだってことさ。」真一は淡々と言い置いて持ち場に戻っていった。

3 健二はうつ伏せになって指さしながら年輪を数え、助けを求めるような顔を兄の方に向けた。「ほんとうに七歳で死んだのかあ。」泣き出しそうな声だった。「年輪が七本で終わっているんだから、そうだろう。」真一は振り返らずに、先の方に残る枝にノコギリをあてていた。「おれとおなじ年で死んだのかよお、こいつ。」健二が②おどけた表情をつくろうとして定まらない顔をこちらに向けたので、そうさ、とそっけなく応えてやった。

4 子供たちとそれぞれ一本ずつ倒木を処理したところに沢*から澄子が戻ってきた。作業に澄子が加わり、倒木の処理ははかどった。枝を払い、適当な長さに切りそろえた五本の倒木は、ここを墓地にするとき、県道からの段差を埋める階段に用いればよさそうだったので、林の端にまとめて積んだ。

5 健二は七歳で死んだ木にこだわり、それが人の足で踏まれる階段の用材として使われることが気に入らなかった。それではどうするのだ、と問うてみても膨れっ面《つら》を返すだけであった。「木のお墓を作ってやれば。」積み上げた倒木に腰を下ろし、ポットの麦茶を飲んでいた真一が独り言のように小さくつぶやいた。それを聞きとめた健二は、まだ運んでいない木を立て、自分の身長と同じ高さにノコギリで印をつけてから切った。横に寝かせてから根でも枕にして足で押さえてノコギリを引けば楽なのに、健二は木を立てたまま両膝で抱え込み、左手でつかんで③いとおしむように切った。稀《まれ》に見る真剣な目をしていた。

6 「それ、どうするの。」真一の横で汗をふく澄子が優しく笑いかけた。健二はそのとき初めて、自分の没頭していた奇妙な作業が、腰を下ろして休むみんなの注目を浴びていたのに気づいた。「きたねえなあ、みんなで休んでよお。」照れ隠しの乱暴な言葉を吐きながらも、自分の身長分に切った唐松を立ち木にそっと立て掛けてから、彼は走ってきて澄子の首にからみついた。

7 ノコギリで木を切る音と、林を動き回る足音がやむと、かすかな水の流れが聞こえてきた。
（南木佳士《なぎけいし》「ニジマスを釣る」）

＊横柄さ＝人を見下したような偉そうな態度であること。
＊沢＝山間の比較的小さな谷川。

(1) 【行動把握】父親の行動を表している部分を、2段落から二か所、そのまま抜き出しなさい。ただし、それぞれ本文を文節ごとに区切ったときの、補助の関係になっている二文節で抜き出すこと。（5点×2）

［　　　］［　　　］

記述

(2) 【心情把握】――線部①について説明した次の文の□に入る言葉を、本文中の言葉を用いて、二十字以内で答えなさい。（10点）

父親は、真一がニヤニヤ笑っているのを見て、「真一は、適当でいいと言われても□を意識して気恥ずかしく感じているのではないか。」と推測し、真一のそういう点を大人びていると見ている。

記述

(3) 【心情把握】――線部②について説明した次の文のa・bに入る言葉を答えなさい。ただし、aは本文中の言葉を用いて十五字以内で答え、bは自分で考えて三字以上、七字以内で答えること。（5点×2）

この場面で健二は、aという事実にbており、彼がそういう心の状態をどう処理したらよいのか分からないでいることを表している。

a

b

3

7

(4) 【擬態語】――線部③という健二の気持ちがよく表れている擬態語を、5・6段落から一つ抜き出しなさい。（10点）

［　　　］

重要

(5) 【主題】本文についての説明として最も適切なものを次から選び、記号で答えなさい。（10点）［　　　］

ア 家族の危機的な状況を協力して乗り越えていく過程で、家族のきずなが徐々に強くなっていく様子を、父親の穏やかな目を通して描いている。

イ 対照的な性格を持った兄弟が、ぶつかり合ったり、たがいに慰め合ったりしているほほえましい様子を、父親の鋭い観察眼を通して描いている。

ウ 死というものを身近に感じる体験をした子供の内面のドラマと、それを見守る家族の様子を、父親のやや距離をおいた目を通して描いている。

エ 子供の深い悲しみが、静かな自然との触れ合いによって次第にいやされていく様子を、父親のいつくしむようなまなざしを通して描いている。

第7日

小説 ③

時間 40分
合格 80点
得点 ／100

ここをおさえる!
● 登場人物の置かれている状況をふまえ、心情を正確にとらえよう。

［　月　日］

解答→別冊8ページ

1 **次の文章を読んで、あとの問いに答えなさい。** 〔芝浦工業大附高〕

おととい、お母さんと見学に行ったスクールに、今日から、本当に行ける気がしていた。

だけど、朝起きたらダメだった。

いつものようにおなかが痛い。

仮病《けびょう》じゃない。本当に痛い。

どうしてかわからなかった。朝、学校に行く時間になると、仮病じゃないのに、本当におなかや、時には頭も痛くなるのだ。

無理しなくていい、とお母さんには言われていた。

だから、そこまで構えずに、こころは朝、①二階の自分の部屋から、ダイニングに下りていった。

②「お母さん、おなか痛い」

ホットミルクとトーストを用意していたお母さんが、こころの声を聞いて、露骨《ろこつ》に表情をなくした。黙《だま》った。

こころを見ない。

まるでこころの声が聞こえなかったように俯《うつむ》いて、湯気を立てるマグカップを食卓に運ぶ。そのまま、うんざりしたような声が、

「痛いってどういうふうに?」と聞いた。

仕事用のパンツスーツの上からかけた赤いエプロンを不機嫌《ふきげん》そうに脱ぎ捨てて、椅子にかける。

「いつもと同じ」

小声で答える。言い終えないうちに、お母さんが続けた。

「いつもと同じって、昨日までは平気だったんでしょ? スクールは学校じゃないのよ。毎日じゃないし、来てる人数も学校より少ないし、先生もいい人そうだったでしょう。行くって、こころが言ったんでしょう。どうするの、行かないの?」

矢継《やつ》ぎ早《ばや》に責められるように言われると、ああ、お母さんは行って欲しいんだとわかる。だけど違う。

行きたくないんじゃない、仮病じゃない。本当におなかが痛い。

こころが答えないでいると、お母さんがいらいらしたように急に時計を気にし出す。「ああ、もうこんな時間」と舌打ちをする。

「どうするの?」

足が固まったようになって動けない。

「行けない」

行かないんじゃなくて、行けない。

③精一杯気持ちを込めて呟《つぶや》くように言うと、お母さんが目の前で大きなため息をついた。自分まで体のどこかが痛いように顔をしかめた。

「……今日だけ行けないの? それともずっと行かないの」

答えられない。

今日は行けないけど、次にスクールのある日にまたおなかが痛

くなるかどうかなんてわからない。仮病じゃなくて、本当に、痛いからただ行けないだけなのに、こんな理不尽《りふじん》なことを聞かれるなんてと悲しくなってくる。

答えないままお母さんを見ていると、お母さんが「もういい」と立ち上がった。感情にまかせるように、朝ごはんの載った皿を持ち上げ、トーストを流しの隅《すみ》にある三角コーナーに放り込んだ。「牛乳も飲まないのね、せっかくあたためたのに」と言うなり、返事も聞かずに流しに捨てる。台所にミルクの湯気がふわっと大きく上がって、すぐに水音とともに消えた。

本当は後で食べようと思っていたけど、答える暇《ひま》もなかった。

（辻村《つじむら》深月《みづき》「かがみの孤城」）

重要

(1)【心情把握】――線部①のときの「こころ」の心情の説明として最も適切なものを次から選び、記号で答えなさい。（10点）［　　］

ア　おなかが痛いことを伝えれば、スクールに行けない自分の状況をお母さんに分かってもらえると思っていた。

イ　おなかが痛いと伝えることで、お母さんが優しく看病してくれることが分かっていたので、安心していた。

ウ　おなかが痛いことを伝えた時に、お母さんがどのような反応をするか想像できなかったので、緊張していた。

エ　おなかが痛いことを伝えたら、スクールに行かないことをお母さんから怒られるのだろうと予感していた。

重要

(2)【心情把握】――線部②とあるが、この言葉を聞いたときの「お母さん」の心情の説明として適切でないものを次から選び、記号で答えなさい。（10点）［　　］

ア　「こころ」がスクールに行きたくないから「おなか痛い」と言っているのだと思っている。

イ　「こころ」がスクールに行くと期待していたので、この言葉を受け入れることができない。

ウ　自分から学校に行くと言ったのに仮病を使って休もうとする無責任さにあきれはててている。

エ　学校に行かなくなったときと同じようなことが再び起こってしまったので、いらだっている。

記述

(3)【心情把握】――線部③とあるが、このときの「こころ」の「気持ち」を五十字以上六十字以内で答えなさい。（30点）

2　次の文章を読んで、あとの問いに答えなさい。（関西大北陽高―改）

岩手県花巻《はなまき》で質屋・古着屋を営む宮澤政次郎《みやざわまさじろう》は、結核で衰弱していた長女トシを実家に連れ帰った。長男の賢治《けんじ》は妹トシのもとを日々訪れ、自作の童話を読み聞かせていた。ある夕刻、死期の近いトシが激しくあえぎだした。政次郎は、妹を心配してわめく賢治をどかし、小筆と巻紙を持ってトシの傍《かたわ》らに座った。

「これから、お前の遺言を書き取る。言い置くことがあるなら言いなさい」

「お父さん！」

賢治が、悲鳴をあげた。激怒している。①政次郎は無視した。このことはもう何日も前から考えていたのだ。いまさら気をしっかり持てだの、まだ生きられるだの言うのは病人には酷であるばかりか、かえって、

(愚弄《ぐろう》になる)

そんな気がした上、

(私は、家長だ)

自覚がある。

死後のことを考える義務がある。トシの肉が灰になり、骨が墓におさまってなお家族がトシの存在を意識するには、位牌《いはい》では足りない。着物などの形見でも足りない。遺言という依代《よりしろ》がぜひ必要なのだ。

それは唯一、トシの内部から出たものである。家族をときに厳しく律するだろう、時に優しくいたわるだろう。トシをまるでそこにいるように思わせるばかりか、子が孫を産み、孫が曾孫《ひまご》を生んでも受け継がれる。

肉や骨はほろびるが、ことばは滅亡しないのである。トシという愛児の生きたあかしを世にとどめるには、政次郎には、この方法しか思いつかなかった。

そのためには、誰かが憎まれ役にならねばならない。

(ほかに、誰がいる)

政次郎は、おのが頬の熱さを感じた。自分はいま泣いているのだ、その熱さなのだと、みょうに客観的にとらえられた。

「お父さん、トシはまだ……」

と②賢治がなおも横から抗議するのを、

「うるさい」

一蹴して黙らせ、あらためてトシへ、

「さあ、トシ」

小筆と巻紙を、突き出すようにしてトシに見せた。

トシは、それらを見た。

信じがたいことだが、頭を浮かせた。身を起こしたつもりなのだろう。そのままの姿勢で、唇をひらき、のどの奥をふりしぼるようにして、

「*うまれてくるたて、こんどは……」

その瞬間。

「あっ」

政次郎は、横から突き飛ばされた。

賢治だった。政次郎のひざがくずれると、③賢治はむりやりトシとのあいだに割って入り、耳もとに口を寄せて、

「南無妙法蓮華経。南無妙法蓮華経」

トシの頭は、力なく枕に落ちた。その唇はすでにぴったりと閉じられている。

「南無妙法蓮華経。南無妙法蓮華経」

賢治のお題目はつづく。声がいつもより高かった。政次郎はひざをくずしたまま、呆然《ぼうぜん》と見るしかできない。トシはまた唇をひらいた。こまったように見える顔で、

「…………」

賢治はお題目をやめ、
「えっ、トシ、いま何と？」
「耳、ごうど鳴って。……」
唇をひらいたまま、ぽんと右の肩を跳ねさせた。
それが合図でもあるかのように、顔の筋肉が停止した。目もひらいたままだった。鼻のあたまから頬へ、ひたいへ、顎《あご》へ、みるみる白蝋《はくろう》がひろがっていく。
虚無が空気を支配する。どのような生理的現象が起きたのかは、誰の目にもあきらかだった。

（門井慶喜《かどいよしのぶ》「銀河鉄道の父」）

＊うまれてくるたて、こんどは＝「生まれてくるとしても、今度は」の花巻方言。

重要

(1)【内容把握】――線部①のときの政次郎の状態として最も適切なものを次から選び、記号で答えなさい。（10点）［　］

ア トシの生きたあかしとなる遺言を残すには、まだ生きているトシに死を予定した言葉を言わせるという残酷な行動をする必要があり、そのような役目を果たすのは家長である自分しかいないと感じている。

イ 賢治が感情的な行動をとるばかりで長男としての役割を全く果たさないので、将来の家長にふさわしくないままではトシが安心して逝《い》けないと思い、家長である自分が手本を見せる必要があると感じている。

ウ 故郷の自然を感じたことで病床にあるトシの病状が落ち着き、遺言を聞くことができる状態になったというのに、賢治がいつまでもわめいているので、家長の自分が賢治を黙らせる必要があると感じている。

エ 病人に酷なことを言うことは、かえって病人を馬鹿にすることになると賢治が気付いていないため、自分が正しい病人の扱い方を示すことで、賢治に勘違いしていることを気付いてほしいと感じている。

記述

(2)【内容把握】――線部②で、賢治はどのようなことに対して抗議したのか。三十字以上三十五字以内で説明しなさい。（30点）

30

35

(3)【心情把握】――線部③で賢治がこうした理由として最も適切なものを次から選び、記号で答えなさい。（10点）［　］

ア 病状が悪化して死にそうになっているのにトシが遺言を言って体に負担をかけているから。

イ お題目を大声で唱えて、トシを苦しまずに安らかに死なせてあげようと思ったから。

ウ 父だけでなく、トシ自身までも死を前提とした行動をしていることが納得できないから。

エ トシとばかり話をして、自分の話を聞いてくれない父に振り向いて欲しかったから。

第8日

随筆①

時間 40分
合格 80点
得点　／100

ここをおさえる!
・比喩は特に覚えておこう。直喩・隠喩・擬人法がある。

［　月　日］

解答→別冊9ページ

1 **次の文章を読んで、あとの問いに答えなさい。**〔大阪〕

舗装道路が、風景を大きく変えている。私が子どもの頃と、大きく変わったのは、道路にぬかるみがなくなったことである。どんな道路もぴかぴかで、泥など見たくもないという執念を感じさせるほどだ。

いたるところにあったぬかるみが、今では懐《なつ》かしくすらある。路面は空を映した。晴天がつづけば乾いて土埃《つちぼこり》が立つ。雨が降れば水溜《みずた》まりができた。道路は子どもの遊び場でもあったから、天候によって遊び方は変わった。どこからどうやって飛んできたのか、街の真中の水溜まりの水面をアメンボが気持ちよさそうに走り、水中にはゲンゴロウが一生懸命泳いでいたりしたものだ。そんな水と接するのも楽しかった。

冬は水溜まりが凍った。白い薄氷を踵《かかと》で踏んで、割っていくのも、登校途中の楽しみだった。靴底でスケートの真似事《まねごと》もできた。どうしても割れない氷を、意地になって石で割ったこともあった。登校時には、コンクリートのように固まっていた①氷も、昼頃になると、さすがに堪《こら》え性もなくなって溶けてくる。

道端の柔らかい土には霜柱もできた。獣の歯のように盛り上がった霜柱は、透明な鋭い美しさをたたえていた。これを踏み潰《つぶ》すとザクッと悲鳴のような音がして、ズック靴がもぐった。大きな霜柱は食べられた。ゆびさきで摘《つ》まんで口にほうり込むなり霜柱は溶け、少し甘いような土のかおりを残した。

②路面は季節の移り変わりの鏡でもあった。たいていの家では、*練炭を使っていたから、大量にでる灰を、水溜まりになる路面の窪地《くぼち》に捨てた。そうするといつの間にか水溜まりはできなくなる。③一挙両得であった。

春になれば氷もゆるみ、ぬかるみができる。泥はやっかいな存在ではあるが、春を告げる喜びのしるしでもあったのだ。春泥《しゅんでい》と文字に書くと、なまめかしいような気分が伝わってくる。春はやはりなまめかしいものなのだ。

春の泥には足を取られる。よほど注意深く歩かねば、靴や下駄《げた》やぞうりはおろか、着ているものまで汚してしまう。だからこそ、人々は情感を持って春の泥と接していたのだ。

ぬかるんだ道を向こうから人がやってくる。普段ならどうということもなく行き交える道ではあるが、ぬかるみのために一人しか通れない。ずいぶん先からやってくる人に道をゆずろうと心の中で決め、ぬかるみの手前で立ち止まっていたら、先方も立ち止まっていた。どうぞどうぞとゆずりあい、結局はゆずられてしまう。

道は一歩一歩あるくものである。心をこらして泥を踏みしめていけば、路傍の花や虫の小さな世界も見える。向こうからくる人と道をゆずりゆずられ、思わぬ情感を共有することにもなる。泥さえもが、人々の心を映していた。

大丈夫だと思ってはいっていくと、ぬかるみは思いがけず深い。足を取られ、進退がきわまってしまう。そんな時にかぎって、知った人が向こうからやってくる。そうこうしているうちに、先方も④自分と同じような状態になっている。

そんな時でも人を無視するわけにはいかない。仕方ないから遠*《とお》会釈《えしゃく》をする。お互いの置かれた立場はわかりきっているので、そこに淡い共感が生まれる。

（立松和平《たてまつわへい》「象に乗って」）

＊練炭＝木炭や石炭の粉をねり固めてつくった燃料。
＊遠会釈＝遠くから軽くおじぎをすること。

重要

(1)【比喩内容】比喩表現は、そのたとえ方によっていろいろな種類に分類される。——線部①とあるが、この部分に見られる比喩表現のたとえ方と同じである比喩表現を含んでいるものを次から選び、記号で答えなさい。(10点)　［　　］

ア 窓を開けると、そよ風のささやきが聞こえた。
イ 車窓から見ると、田園は緑のじゅうたんだった。
ウ 公園に行くと、ちょうちょうがひらひらと飛んでいた。
エ 丘をこえると、絵のような美しい風景が広がっていた。

(2)【表現把握】——線部②とあるが、この表現において「も」が用いられているのは、本文中のどの一文を受けているからか。その一文を抜き出しなさい。(10点)

［　　　　　　　　　　　　］

(3)【四字熟語】——線部③と同じ意味の言葉を次から選び、記号で答えなさい。(10点)　［　　］

ア 一刀両断
イ 一人二役
ウ 一石二鳥
エ 一日千秋

記述

(4)【内容把握】——線部④とあるが、これはどのような状態を指しているのか答えなさい。(10点)

［　　　　　　　　　　　　］

記述

(5)【心情把握】筆者は、春のぬかるんだ道で人と人とが行き交うとき、互いに相手に対してどのような心情が生じたと述べているのか答えなさい。(10点)

［　　　　　　　　　　　　］

2 次の文章を読んで、あとの問いに答えなさい。〔群馬—改〕

「水魚の交わり」という。魚が水なくしては生きられないように離れられない親友のつき合い、といった意味だが、①すこし窮屈で、息がつまりそうな気がする。もとの中国では、夫婦相睦《あいむつ》むのたとえ、さらには、君臣の親密なさまの比喩だったらしい。それならいくらか落ちつく。

それにしても、このことば、やはりいかにも息苦しい感じである。魚にとっては水は切っても切れぬ関係だが、それだけにうとましいのではないか。昔の中国人はそれに目をつむって、この表現を生み出した。

「水を発見したのはだれか知らないが、魚でなかったことだけははっきりしている」という寸言*がヨーロッパにある。水をいちばんよく知っているのは魚だが、②近すぎて水を水として認めることができない。そこを衝《つ》いていて妙である。

禅家の語に脚下照顧とある。他に向かって理屈を言う前に自分の足もとをよく見よ、と自己反省を促すのである。目はもともと足もとを見つめたりするためについているのではない。前方、向こうにあるものを見るのが普通、自然である。それだからこそ、脚下を照顧するのは難しく、すれば価値がある。

心の目も向こうを向いている。あまり近いところは、死角に入って、見れども見えず、[A]、になる。何でも知っているつもりでいるが、親には子のことがわかっていない。どうして近いものが、近いために、見えないのか、不思議だというほかはない。

本人のことを生前あまりよく知らなかったような人が伝記を書く。だいじょうぶかと思うが、すくなくとも、近親や親しい友人などの書いたものより優れている。近い人は近い人の伝記を書こうなどと思ってはいけない。

③同じことが歴史についても言える。百年前のことがはっきりしている。昨日今日のことは、もっとよくわかるはずなのに、かえって混沌《こんとん》*として、とらまえどころがない。現代史というものが成立しにくいわけである。

所在を示す案内図というものがあまり役に立たないことがあるのも、よく知っているつもりの人がかくからである。青森の奥入《おいら》瀬《せ》渓谷はいまでこそ天下の景勝であるが、その美しさを見いだしたのは東京から訪れた大町桂月《おおまちけいげつ》*であった。何百年来住みなれた土地の人たちにとっては、ただの渓流でしかなかった。美しいと見るには、④よその人の目が必要だったのである。

自分のうちにも花がさいているのに、[B]もくれない。同じ花でも隣家のはきれいに見える。「遠くより眺むればこそ白妙《しろたえ》の富士も富士なり筑波嶺《つくばね》もまた」というわけだ。

遠くから仰ぎみるからこそ偉くも思われる。日ごろの身のまわりの世話をする召使いにとっては、すこしもありがたくない。「従僕に英雄なし」である。

心の遠近法は絵画的透視法とは逆で、遠くが大きく近くが小さく見える。⑤それによって人間の世界は広がるけれども、近いものについての不明をまぬがれるのは難しい。

（外山滋比古《とやましげひこ》「あたまの目」）

*寸言＝短いが、意味の深い言葉。
*混沌＝物事の区別や成り行きがはっきりしないさま。
*大町桂月＝明治生まれの詩人、評論家。

記述
(1)【理由説明】——線部①のように、「水魚の交わり」という言葉に対して筆者が感じているのはなぜか。その理由を答えなさい。(10点)

[　　　　]

(2)【語句の意味】——線部②の意味として最も適切なものを次から選び、記号で答えなさい。(5点)

ア 変である　イ 純粋である
ウ 見事である　エ 現実的である

[　]

(3)【ことわざ】[A]に入ることわざとして最も適切なものを次から選び、記号で答えなさい。(5点)

ア 灯台もと暗し　イ 親の心子知らず
ウ 隣の花は赤い　エ 足元から鳥が立つ

[　]

記述
(4)【内容把握】——線部③とは、どのようなことを意味しているのか答えなさい。(10点)

[　　　　]

重要
(5)【内容把握】——線部④とは、どのようなものか。最も適切なものを次から選び、記号で答えなさい。(5点)

ア 全国の景勝地に詳しい人の目。
イ その土地に住みなれている人の目。
ウ 渓谷を見ようとしない人の目。
エ その土地をよく知らない人の目。

[　]

(6)【慣用句】[B]に入る言葉を、漢字一字で答えなさい。(5点)

[　]

記述
(7)【要旨】——線部⑤とはどういうことか。六十字以上、八十字以内で答えなさい。(10点)

60

80

第9日

随筆 ②

時間 40分
合格 80点
得点 ／100

ここをおさえる!
● 文章の構成を考え、話題に対する筆者の意見をつかもう。

［　月　日］

解答→別冊10ページ

1 **次の文章を読んで、あとの問いに答えなさい。**〔高知〕

私はとくに、文章に書かれた条件から数式を組み立てて、解いてゆく問題が好きでした。解く過程で、複雑な数と記号の式の、ある部分を一応、括弧でくくって、それをたとえばAであらわします。それだけ、数式が簡単になりますし、計算をすすめてゆくうち、等号の両側におなじ数のAがあることがわかったり、分子と分母にAがあって、両方とも消えてしまったりⓐすることがあります。そういう時は、じつに嬉《うれ》しかったものです。

［W］

また、Aが消えなくても、すっかり整理された式に、あらためて括弧をといて、Aの内容を代入すると、計算がスラスラとできあがる、ということもありました。

［X］

一方、計算の最後の段階で、勢いこんで括弧をといてみると、最初のどうしても解けなかった問題が、そのまま再現して、Aという記号をつけての計算についやした時間がすっかりムダだった、それこそ「骨折り損のクタビレもうけ」だったと、がっかりすることもありました。そういう時は、一息おいて、

――仕方がない！　おれのやったことだ、と気をとりなおすようにしたものです。

じつはそのころから、数学よりほかの難しい問題についても、一部分をまず括弧でくくってAとする手続きで考えることを、始めていました。その場合にも、さきに書いたように、自然にAが消えてなくなって問題が解ける、ということはありました。

また、やっと計算が――つまり問題を考えることが――整理されてきたので、Aを具体的な内容に［　　］と、最初の難しい問題がそのまま残っている、ということがあったのでした。そういう時、私は数学の場合とは少し別に、

――自分はこの問題のいちばん難しいところから、逃げていただけだ！　と気がつきました。

ⓑそして、あらためて、正面からその難しいところに立ち向かってゆく元気を出したものです。それはもう、大人になってからも続きました。

［Y］

私は「ある時間、待ってみる力」をふるい起こすことが、子供には必要だ、といいました。それは、子供にはもちろん、大人にとっても、生きてゆくうえで、本当に難しい問題にぶつかった時、一応それを括弧に入れて、「ある時間」おいておく、ということなのです。そうやって、生きてゆくという大きい数式を計算し続けるのです。初めから逃げる、というのとは違います。

そのうち、括弧のなかの問題が、自然に解けてしまうことがあります。括弧のなかの問題をBとすれば、「ある時間」待ってい

る間も、とくに子供の時、私たちはそうしてもすっかりそれを忘れていることはできません。そうしながら、いつも心にかかっていて、思い出されます。しかし、その苦しい時、具体的な問題や特定の人のことじゃなく、Bという記号に置きかえて、

――Bがまだ解決できていないけれど、もう少し待ってみよう、と考えることにするのです。

［Z］

それだけでどんなに気持ちが軽くなるか、私は幾度も経験してきました。いまもある記号に最悪の「いじめっ子」の顔が代入できるほどです。

そして「ある時間」たって、括弧をといてみても、まだ問題がそのままであれば、今度こそ正面からそれに立ち向かってゆかなければなりません。しかし、子供のあなたたちは、なんとかしのいだ「ある時間」のあいだに、自分が成長し、たくましくなっていることに気がつくはずです。①そこが数学の場合と違います。私は、とくに高校のころから大学を卒業するあたりまで、②そのようにしてやって来ました。そして、現にいま、生きています。

（大江健三郎《おおえけんざぶろう》「『自分の木』の下で」）

重要

(1)【脱文挿入】次の一文は、本文中の［W］～［Z］のどこに入れるのが最も適切か。記号で答えなさい。（5点）［　　］

さて、私が数学をめぐる思い出を話したのは、次のことを説明したい、と思ったからです。

(2)【品詞識別】――線部ⓐ「する」・ⓑ「そして」の品詞名を、それぞれ答えなさい。（5点×2）

ⓐ［　　］ ⓑ［　　］

(3)【適語補充】［　　］に入る言葉として最も適切なものを次から選び、記号で答えなさい。（5点）［　　］

ア ついやす　イ 戻す　ウ 残す　エ 消す

(4)【表現把握】――線部①は、括弧をといてみても、まだ問題がそのままであるとき、生きてゆくうえでの問題と数学の場合とでは、筆者の感じ方に違いがあると述べたものである。数学の問題が解けなかったときの筆者の気持ちが慣用的な表現で示されている部分を、本文中から十一字で抜き出しなさい。（10点）

記述

(5)【要旨】――線部②とあるが、筆者は生きてゆくうえで、どのようにしてやって来たと述べているか。「記号」「正面」「解決」の三つの言葉を用いて、六十五字以上、八十字以内で答えなさい。（10点）

65

80

2 次の文章を読んで、あとの問いに答えなさい。（群馬—改）

　桃の花の咲きはじめる季節に、機会を得て、生まれそだった東北の街の郊外にひろがる桃畑をたずねました。その桃畑のある郊外には子どものころほぼ半年住んで、すぐに引っ越し、以来四十五年が経《た》っての初めての再訪でした。幼い日々に短いあいだ暮したことのあるサクランボ畑や桃畑のある風景のあいだを、ゆきつもどりつ歩いた①ものの、さて、道も変わり、たたずまいも［A］変わった新しいばかりの街並みには、かつての幼い日々の記憶の入口となるべきものが、もうまったくありません。

　そのとき一学期のあいだだけ通った小学校のことも、写真一つなく、先生の名も級友の名も覚えていず、どこにも②思い出すよすがさえ、ないままでしたが、ただ、③そのとき通学した小道は覚えていました。小道に沿って、小川が流れていました。その小川が、いまも流れていました。春の日差しを映す澄んだ水の小川は、細かく光の粒を散らし、小さな流れがこっちにぶつかり、そっちにぶつかって、小道にならんでつづきます。わたしに思い出せた幼い日の記憶のすべては、その小さな川面《かわも》のかがやきです。

　子どものころの記憶は、わたしの場合、いつでもどこかで川のある風景の記憶につながっていて、生まれたのは、三つの大きな川が合流する街。戦争のとき親元を離れて疎開した山間の温泉町は、勢いゆたかに澄んだ水が流れてゆく疎水の町。それから生まれた街にもどって卒業した小学校と中学校は、まだ渡し船の残っていた街なかの大きな川のほとりの学校で、春秋は川とともにありという感じ方を、わたしはいつかごく自然にそだてられました。

　川の流れてゆくのを見にゆくのが、子どものわたしは好きでした。いまでも好きです。川は不思議です。川のうえにあるのはいつだって空で、川の流れをじっと④見つめていると、わたしは川の流れがつくる川面を見つめているのですが、やがて、わたしが見つめているのは、同時に川面が映している空であるということに気づきます。

　川は川であって、じつは川面に映る空でもあること。言いかえるなら、川は、たとえどんな小さな川であっても、みずからのうちにみずからの空をもっているということ。

　川の流れを黙ってじっと見ていて、いつでも覚えるのはその不思議な感覚です。

　川の流れの絶えることのない動きが映しているのは、いつだってじっとして動くことをしない空であり、流れ去るものがみずからのうちに映すものは、⑤いつだって変わらないものであるということ。

　川の流れは、流れ去ってゆくと同時に、みずから映すものを、そこに残してゆきます。絶えず変わりつづけながら、すこしも変わらないものが、川面のかがやきのなかにはある。川の流れをじっと見ていると、いつもあれほど囚《とら》われている時間の狭い感覚が消えていることに、ふとして気づきます。

　川がそこにあれば、そこにはすべてが残っているというふうに感じるのは、川のある街にそだったものの感じ方かもしれませんが、それだけに、流れという言葉がふだんに比喩としてつかわれるときの、安易なつかわれ方に、いまなお、なじむことができません。わけても時の流れといったように、流れという言葉が［B］ものの比喩として語られると、それはちがうと思うのです。

流れ去るものは、流れ去ります。けれども、時について言えば、流れ去るということが時というものの本質なのではないと、わたしはずっと思ってきました。流れ去ってしまうもののうちにではなく、流れ去ってゆくものがそこに残す一瞬のような影像のうちに、わたしたちにとって時のもつ意味はあるのだ、と。ちょうどきれいに晴れあがった日の、川面のかがやきのように。

（長田弘《おさだひろし》「子どもたちの日本」）

記述
(1)【短文作成】――線部①の言葉を用いて、「……ものの、……」となる文を作成しなさい。（5点）
[　　　　]

(2)【副詞補充】 A に入る副詞を答えなさい。（5点）
[　　　　]

(3)【同意表現】――線部②と同じ意味をもつ言葉を、本文中から五字で抜き出しなさい。（5点）

(4)【内容把握】――線部③とあるが、これはどのようなことを示す例と言えるか。それを説明した次の文の□に入る言葉を、十五字で本文中から抜き出しなさい。（5点）
筆者の場合、子どものころの記憶は□いることを示す例。

(5)【係り受け】――線部④が係る部分を、一文節で答えなさい。（5点）
[　　　　]

重要
(6)【内容把握】――線部⑤にあたるものとして最も適切なものを次から選び、記号で答えなさい。（5点）
ア 澄んだ水　イ 川の流れ
ウ 川面に映る空　エ 川のある街
[　　　　]

(7)【適語補充】 B に入る言葉を答えなさい。（10点）
[　　　　]

記述
(8)【主題】筆者は「川面のかがやき」をどのようなものだと述べているか。八十字以上、百字以内で答えなさい。（20点）

詩・短歌・俳句

時間 40分
合格 80点
得点 ／100

ここをおさえる！
● 作者の五感が何をとらえ、感動しているかを考えよう。

〔　月　日〕

解答→別冊11ページ

1 次の詩と鑑賞文を読んで、あとの問いに答えなさい。〔茨城〕

どの辺からが天であるか
＊鳶《とび》の飛んでゐるところは天であるか
人の眼から隠れて
こゝ《（こ）》に
静かに熟れてゆく果実がある
おゝ《（お）》　その果実の周囲は既に天に属してゐる

（高見順《たかみじゅん》の詩「天」）

たった六行の短い詩ですが、大変深い思いのある詩です。天というのは空とは少し違います。空という名詞は言ってみれば□ですが、天には抽象的な意味があって、空のように科学的な割り切りができないところがあると思います。古来、天とは神々の住むところであり、太陽も月も拝む対象であったわけですから。

この詩でうたわれている天は、人間の知恵のとどかないところ、非常に高みにあるところで、せいぜいおまけして鳶が飛んでいる辺りまで。しかし、秋になって熟れていく果実にも人の知恵のとどかない神秘を感じて、詩人は、熟れた果実のまわりもまた天に属しているといっているわけです。

（財部鳥子《たからべとりこ》「詩の贈りもの12カ月（秋、冬）」）

＊鳶＝タカ目タカ科の鳥。トンビ。

重要
(1) 【表現技法】この詩に使われている表現技法を次から選び、記号で答えなさい。（5点）〔　　〕
ア 倒置法　イ 直喩法
ウ 反復法　エ 体言止め

(2) 【適語補充】鑑賞文中の□に入る最も適切な言葉を次から選び、記号で答えなさい。（5点）〔　　〕
ア 観念的　イ 物理的
ウ 感覚的　エ 神秘的

記述
(3) 【内容把握】――線部とあるが、それはどういうことか。鑑賞文の内容をおさえて、四十字以上、五十字以内で書きなさい。（10点）

2 次の詩を読んで、あとの問いに答えなさい。〔二松學舍大附属柏高〕

冬が来た

高村光太郎

[A]と冬が来た
①八つ手の白い花も消え
公孫樹《いちょう》の木も箒《ほうき》になった

[B]ともみ込むやうな《ような》冬が来た
人にいやがられる冬②
草木に背かれ、虫類に逃げられる冬が来た

冬よ
③僕に来い、僕に来い
僕は冬の力、冬は僕の餌食だ

しみ透れ、つきぬけ
④火事を出せ、雪で埋めろ
刃物のやうな《ような》冬が来た

(1) 【詩の形式】この詩の形式として最も適切なものを次から選び、記号で答えなさい。(3点)　〔　　〕

ア 文語定型詩　イ 文語自由詩
ウ 口語定型詩　エ 口語自由詩

(2) 【適語補充】[A]・[B]に入る言葉として最も適切なものをそれぞれ次から選び、記号で答えなさい。(3点×2)

A ア すっきり　イ ほんのり　〔　　〕
ウ きっぱり　エ のんびり

B ア ぱりぱり　イ きりきり　〔　　〕
ウ さらさら　エ どろどろ

(3) 【表現技法】――線部①～④に使われている表現技法をそれぞれ次から選び、記号で答えなさい。(2点×4)

①〔　　〕②〔　　〕③〔　　〕④〔　　〕

ア 倒置法　イ 反復法
ウ 体言止め　エ 直喩法
オ 隠喩法

重要

(4) 【心情把握】═══線部から、作者のどのような心情がうかがえるか。最も適切なものを次から選び、記号で答えなさい。(3点)　〔　　〕

ア 世間から理解されなくても自分の仕事に打ち込んでいこう。
イ 冬は厳しいが美しい季節なので自然とともに生きていこう。
ウ つらいことや苦しいことをバネとして力強く生きていこう。
エ 冬は厳しい寒さに耐え、暖かな春をひたすら待とう。

3 **次の短歌を読んで、あとの問いに答えなさい。**〈福島―改〉

A　わたり来てひと夜を啼《な》きし*青葉木菟《あおばずく》二夜は遠く啼きて今日なし　馬場《ばば》　あき子《こ》

B　春の谷あかるき雨の中にして鶯《うぐいす》なけり山のしづけさ　尾上《おのえ》　柴舟《さいしゅう》

C　木木の芽に春の*霙《みぞれ》のひかるなりああ山鳩《やまばと》の聲《こえ》ひかるなり　前《まえ》　登《と》志《し》夫《お》

D　二つゐて*郭公《かっこう》どりの啼く聞けば谺《こだま》のごとしかはるがはるに　島木《しまき》　赤彦《あかひこ》

E　*つばくらめ飛ぶかと見れば消え去りて空あをあをとはるかなるかな　窪田《くぼた》　空穂《うつぼ》

＊青葉木菟＝フクロウの一種。
＊霙＝雪がとけかけて雨まじりに降るもの。
＊郭公どり＝カッコウ。
＊つばくらめ＝ツバメ。

(1)【表現技法】鳥たちが交互に鳴いて声が響きわたる情景を、直喩を用いて表現している短歌はどれか。A～Eから選び、記号で答えなさい。（5点）［　　］

(2)【主題】春先の情景を描写した言葉を、鳥の声の印象を表す際にも用い、新しい季節の訪れに対する喜びをうたった短歌はどれか。A～Eから選び、記号で答えなさい。（5点）［　　］

重要

(3)【内容把握】次の文章は、A～Eの中の二つの短歌の鑑賞文である。この鑑賞文を読んで、あとの①・②の問いに答えなさい。（10点×2）

> この短歌は、俊敏に飛ぶ鳥の動きを捉えようとして、ふと、目に映った美しい情景を「Ⅰ」という言葉で表現したあとで、どこまでも広がる壮大な空間への印象を率直な言葉で表現している。
> また別の短歌は、数詞の使用や同じ言葉の繰り返しによって一首全体にリズムを作り出し、姿の見えない鳥の位置の変化をその声の様子から捉えている。「Ⅱ」という言葉が、鳥がどこかへ飛び去ったことを想像させ、作者のしみじみとした思いを印象づけている。

①　Ⅰに入る言葉を、その短歌の中から六字で抜き出しなさい。

②　Ⅱに入る言葉を、その短歌の中から四字で抜き出しなさい。

4 **次の俳句を読んで、あとの問いに答えなさい。**〔福島〕

A　木がらしや目刺《めざし》にのこる海《うみ》のいろ　芥川《あくたがわ》龍之介《りゅうのすけ》
B　くろがねの秋の風鈴鳴りにけり　飯田《いいだ》蛇笏《だこつ》
C　元旦や暗き空《そら》より風が吹く　青木《あおき》月斗《げっと》
D　萩《はぎ》の風何か急《せ》かるゝ《る》何ならむ　水原《みずはら》秋櫻子《しゅうおうし》
E　未来より滝を吹き割る風来たる　夏石《なついし》番矢《ばんや》
F　夏嵐机上の白紙飛び尽《つ》す　正岡《まさおか》子規《しき》

*目刺＝イワシなどの魚を塩水に漬けたのち、竹串で数匹ずつ刺しつらねて干した食品。
*くろがね＝鉄の古い呼び名。
*萩＝植物の名。

(1)【表現技法】つぶやくような自分自身への問いかけを描くことで、作者の内面にある、漠然としたあせりを詠《よ》んでいる俳句はどれか。A～Fから選び、記号で答えなさい。（5点）［　　］

(2)【主題】冷たく乾いた風の吹きすさぶ様子を切れ字を用いて強調する一方で、眼前の小さなものが連想させる豊かな色彩のイメージを表現している俳句はどれか。A～Fから選び、記号で答えなさい。（5点）［　　］

重要

(3)【内容把握】次の文章は、A～Fの中のある俳句の鑑賞文である。この鑑賞文を読んで、あとの①・②の問いに答えなさい。（10点×2）

> この句で作者は、垂直に流れ落ちる水に向かっていく力強い風の様子を、「 I 」という言葉で表現している。想像される水の姿が大きければ大きいほど、それを「 I 」ために必要な風力は増すことになり、句のイメージはいっそう II なものとなる。
> また、作者は、この風を、「 III 」と捉えている。勢いよく現在の世界にやって来た、未来からの風として描くことによって、未来の世界の力強さや明るさを意識させる句となっている。

① I に入る言葉を、その俳句の中から四字で抜き出しなさい。

□□□□

② II ・ III に入る言葉の組み合わせとして最も適切なものを次から選び、記号で答えなさい。［　　］

ア　II 繊細　III 自然の偉大な力を実感させるもの
イ　II 広大　III 過去の記憶をよみがえらせるもの
ウ　II 壮大　III 本来の時の流れから解放されたもの
エ　II 科学的　III 現在の世界の苦しさを和らげるもの
オ　II 感動的　III 多くの人間から長く親しまれたもの

総仕上げテスト

時間 60分
合格 80点

解答→別冊13ページ

［　月　日］

得点　　／100

1 **次の文章を読んで、あとの問いに答えなさい。**（日本大学豊山高—改）

明治時代になって、西洋化が進むと江戸時代以前の日本の文化とその産物をさして和と呼ぶようになった。着物を和服といい、畳の間を和室というのがそれである。この新しい意味の和は進んだ西洋に対して遅れた日本という卑下の意味を含んでいた。

歴史を振り返ると、はるか昔、中国の人々が貢物《みつぎもの》を捧《ささ》げにきた日本人をからかいと侮蔑をこめて*倭《わ》と呼んだ。それを*ある天才が一度は和という誇り高い言葉に書き替えたにもかかわらず、その千年後、皮肉なことに今度は日本人みずから自分たちの築いてきた文化を和と呼んで卑下しはじめたことになる。この①新しい意味の和は近代化が進むにつれて徐々に幅を利かせ、今や本来の和は忘れられようとしている。

身のまわりを見わたせば、近代になってから私たちが和と呼んできたものはみな生活の隅っこに押しこめられてしまっている。現代の日本人はふだん洋服を着て、洋風の食事をし、洋風の家に住んでいる。ふつうの人にとって和服は特別のときに引っ張り出して着るだけである。和食といえば、すぐ鮨《すし》や天ぷらを思い浮かべるが、鮨にしても天ぷらにしても、多くの人にとって、むしろ、ときどき食べにゆくものにすぎない。和室はどうかといえば、一戸建てにしろマンションにしろ一室でも畳の間があればいいほうである。こうして片隅に押しこめられ、ふつうの日本人の生活からかけ離れてしまったものが和であるなら、私たち日本人はずいぶんあわれな人々であるといわなければならない。

ところが、この国には太古の昔から異質なものや対立するものを調和させるという、いわばダイナミックな運動体としての和があった。この本来の和からすれば、このような②現代の生活の片隅に追いやられてしまっている和服や和食や和室などはほんとうの和とはいえない。たしかにそれは本来の和が生み出した産物にはちがいないが、不幸なことに近代以降、固定され、偶像とあがめられた和の化石であり、残骸にすぎないということになる。

［　　］、異質なもの、対立するものを調和させるという本来の和は現代において消滅してしまったか。決してそんなことはない。それは今も私たちの生活や文化の中に脈々と生きつづけているのだが、私たちは③和の残骸を懐かしがってばかりいるものだから、本来の和が目の前にあるのに気づかないだけなのだ。

近代化された西洋風のマンションの中に一室だけ残された畳の間。ふつうその畳の間だけを和の空間と呼ぶのだが、本来の和はそれとは別のものである。むしろ西洋化された住宅の中に畳の間が何の違和感もなく存在していること、これこそ④本来の和の姿である。同じようにパーティで洋服の中に和服の人が立ち交じっていようと何の不思議もない。逆に結婚披露宴で和服の中に洋服の人がいても違和感はない。あるいは、西洋風の料理の中に日本料理が一皿あっても何の問題もない。あるいは逆に有色人の中に白人がいても、白人の中に日本人がいても少しも目障りではない。

　畳の間や和服や和食そのものが和なのではなく、こうした異質なもののなごやかな共存こそが、この国で古くから和と呼ばれてきたものなのである。少し見方を変えるだけで、この国の生活や文化の中で今も活発に働く本来の和が次々にみえてくる。

（長谷川櫂《はせがわかい》「和の思想」）

＊倭＝身を低くして相手に従うという意味を含む漢字。

＊ある天才が……書き替えた＝日本の歴史の中で、ある優れた人物が「倭国」の「倭」を「和」に改めたということ。「和」は、敵対するもの同士が和譲を結ぶという意味であり、日本文化が特徴として持つ、互いに相容《あいい》れないものを和解させ調和させる力を暗示している。

(1) □に入る言葉として最も適切なものを次から選び、記号で答えなさい。（5点）

〔　　〕

ア それゆえ　**イ** なぜなら　**ウ** ただし　**エ** では

(2) ――線部①を説明した次の文の□に入る言葉を、本文中の言葉を用いて二十五字以内で答えなさい。ただし、「西洋」という語を用いること。（15点）

　西洋化が進んだ明治時代になって、江戸時代以前の日本の文化とその産物をさして呼んだ「和」であり、□もの。

(3) ――線部②とあるが、和服や和食や和室を片隅に追いやった現代人はどのように生活しているか。それを端的に説明した部分を本文中から一文で抜き出し、はじめの十字を答えなさい。（5点）

(4) ――線部③として適切でないものを次から選び、記号で答えなさい。（10点）

〔　　〕

ア 現代の生活の片隅に追いやられてしまっている和服や和室

イ ダイナミックな運動体としての和

ウ 固定され偶像とあがめられた和の化石

エ 近代になってから私たちが和と呼んできたもの

(5) ――線部④とあるが、「本来の和」とはどのようなものか。本文中の言葉を用いて、三十字程度で説明しなさい。ただし、「調和」という語を用いること。（15点）

2 次の文章を読んで、あとの問いに答えなさい。ただし、字数制限のある問題は、句読点等も字数に含める。（麗澤高—改）

〔母の葬儀後、四人の娘たちは、妻として母として家を守る者としてだけの、自己犠牲に徹した無欲な母の人生を、誇り高く清らかなものとして振り返っていた。〕

「あのね、これだけはわたし一人の胸にしまっておこうと思ってたんだけどⓐ……」

突然、一番上の姉が改まって言った。

「実はね、みんなにまだ話していない、おかあさんの最期の言葉があるの」

母は大方一ヶ月を昏睡《こんすい》状態で過ごした。

その直前、どうしても起こしておじいさまが*おいでる方角に向けてほしいと言うので、姉が背中から抱きかかえてやると、震える手を合わせ、親に先立つ不幸を詫《わ》びた。母の父親である茅野《ちの》のおじいさまは、その時九十二歳で、まだ健在だったのである。

そして、みんなに有難うと伝えるように言い置いた母は、安心したのかそのまま穏やかな寝息を立て、そのあとはもう心臓の鼓動とわずかな体温だけが生きている証であった。

「おかあさんらしいね」

私たちは言い合ったのだった。

その母が、まだ何か一言を残しているのだという。

「①かあさんの人生は失敗だった、ⓑ……って」

えっ、いま何て言ったの?もう一度言って。

「かあさんの人生は失敗だったⓒ……」

それ、ほんとう?

心臓が止まるというのは、このことだった。

いきなり母に突き放されたのだった。後悔とか恨《うら》みとかいうような、生易《なまやさ》しいことではない。母は最期に自分の人生を、否定して去った。父への、私たち娘への、母の裏切り。咄嗟《とっさ》に私たち娘には、そう感じられた。

「おとうさんには絶対に言えないよね」

二番目の姉に私たちはうなずいた。

「娘は永遠に救われないよ」

ナコちゃんが鼻声で言った。

私は黙ったまま、かつて怪訝《けげん》に思ったことのある、母とのやりとりを胸によみがえらせていた。

三人目の妊娠を電話で知らせたときのことである。母はぽつりと言った。

「*郁《いく》ちゃんは、やりたいことがあるはずだえ。ますます郁ちゃんの時間はなくなるんだねえ」

たしかに、その時も私は母の胸の奥の一つの真相に触れたのを感じたのだ。そして無情にも私はやはり母を見過ごした。

おかあさん。おかあさん。

私は喉《のど》もとで母を追いかけながら、母の人生を抱きかかえて光る諏訪湖《すわこ》の夜のしじまに立ち尽くしていた。独りぼっちだった。

母の遺《のこ》した思いもかけない言葉は、以来私の人生に張りついて三十年が経つ。

母は家庭にあって夫や子どもを身を尽くして愛した。ふじ子という自己を生かしたい自分を騙《だま》しきった。そして捨てきれるものではなかった自分という〈個〉のマグマを、せめて娘たちに明かして去ったのだ。わが娘たちよ、わが娘たちよ、と呼びかけながら。

あれから私は四人目を産んだ。母と同じ愛と苦悩の上に〈私自身〉を生かすのでなければ、本当に母の思いの届く仇討《あだう》ちにはならないと、勝手に思い定めて。

〈かあさんの人生は失敗だった〉は、私に人生を死に臨む視点から見つめることを厳しく求めると同時に、②私の絶対的な人生の応援歌になった。これだけは譲れないという一線を常に教えてくれるのである。

そして、どんな人にもひそかに燃えるマグマのあることを思い知った私は、以前よりもまして深く悲しみを感じるようになっている。

（柳谷《やなぎたに》郁子「母の裏切り」）

＊おいでる＝長野県等の方言で「いらっしゃる」の意。

＊郁ちゃんは……だえ＝郁子ちゃん（この私小説の作者である「私」）は、やりたいことがあるはずだよ、の意。

(1) 〰〰線部ⓐ・ⓑ・ⓒの「……」は、それぞれ一番上の姉のどのような気持ちを表す「間」となっているか。最も適切なものを次から選び、記号で答えなさい。（15点）［　　］

ア ⓐは、これから言おうとすることがあまりにも衝撃的なので、言おうかどうか躊躇《ためら》っている間。ⓑは、とうとう言ってしまい、呆然《ぼうぜん》とした姉の気持ちを表す間。ⓒは、自分以外の姉妹の反応を確かめようとした間。

イ ⓐは、言えば悪者になると躊躇っていたが、やはり言うべきだと決意するための間。ⓑは、言ったことのあまりにも衝撃的な内容を少しでも和らげようとする間。ⓒは、母親の最期の言葉をかみしめるための間。

ウ ⓐは、口に出したからにはどんな辛い内容でも言わねばならないと決意する間。ⓑは、衝撃的な母の言葉をついに言ってしまい、やっと責任を果たせたと実感している間。ⓒは、姉妹と衝撃を共有でき安心した間。

エ ⓐは、言うまいと思っていたが、やはり言う必要があると思い直した間。ⓑは、ずっと胸につかえていたことを吐き出せてすっきりした間。ⓒは、これで長姉としての母への義理を何とか果たせた間。

オ ⓐは、これから言おうとすることの重大さを思い、まずは気を落ち着かせるための間。ⓑは、母の言葉をみんなにしっかりと確認させるための間。ⓒは、衝撃的だが事実だと、みんなに再度確認させるための間。

(2) ――線部①の母の思いを、実は以前にも「私」が感じていたと思われる一文を本文中から抜き出し、はじめの五字を答えなさい。（15点）

(3) ――線部②となったのはどうしてか。「〈かあさんの人生は失敗だった〉は、」に続く形で、「恩に報いる」という言葉を用いて、五十字以内で答えなさい。（20点）

〈かあさんの人生は失敗だった〉は、

試験における実戦的な攻略ポイント５つ

①問題文をよく読もう！

問題文をよく読み，意味の取り違えや読み間違いがないように注意しよう。
選択肢問題や計算問題，記述式問題など，解答の仕方もあわせて確認しよう。

②解ける問題を確実に得点に結びつけよう！

解ける問題は必ずある。試験が始まったらまず問題全体に目を通し，自分の解けそうな問題から手をつけるようにしよう。
くれぐれも簡単な問題をやり残ししないように。

③答えは丁寧な字ではっきり書こう！

答えは，誰が読んでもわかる字で，はっきりと丁寧に書こう。
せっかく解けた問題が誤りと判定されることのないように注意しよう。

④時間配分に注意しよう！

手が止まってしまった場合，あらかじめどのくらい時間をかけるべきかを決めておこう。

解けない問題にこだわりすぎて時間が足りなくなってしまわないように。

⑤答案は必ず見直そう！

できたと思った問題でも，誤字脱字，計算間違いなどをしているかもしれない。ケアレスミスで失点しないためにも，必ず見直しをしよう。

受験日の前日と当日の心がまえ

前日

- 前日まで根を詰めて勉強することは避け，暗記したものを確認する程度にとどめておこう。
- 夕食の前には，試験に必要なものをカバンに入れ，準備を終わらせておこう。
  また，試験会場への行き方なども，前日のうちに確認しておこう。
- 夜は早めに寝るようにし，十分な睡眠をとるようにしよう。もし翌日の試験のことで緊張して眠れなくても，遅くまでスマートフォンなどを見ず，目を閉じて心身を休めることに努めよう。

当日

- 朝食はいつも通りにとり，食べ過ぎないように注意しよう。
- 再度持ち物を確認し，時間にゆとりをもって試験会場へ向かおう。
- 試験会場に着いたら早めに教室に行き，自分の席を確認しよう。また，トイレの場所も確認しておこう。
- 試験開始が近づき緊張してきたときなどは，目を閉じ，ゆっくり深呼吸しよう。

解答・解説

第1日 説明文

▼4〜7ページ

1

(1) A **ウ**　B **ア**

(2) 例 **燃料として多くの木材を消費していたこと。**（二十字）

(3) 2

(4) 例 **都市部に供給される薪や炭などの山の産品が、山村の重要な現金収入となっていたということ。**

(5) **エ**

2

(1) A **ウ**　B **エ**　(2) **ウ**

(3) 例 **区分けによって、漠然としてなにか分からないものに形を与え、それがなにであるのか分かるようにすること。**（五十字）

(4) **イ**

解説

1 木材の燃料消費について説明した文章。燃料としての木材の過剰消費が「砂漠化」を招いているという世界の現状を指摘したあと、日本における木材の燃料消費の歴史を、戦後、明治以降、江戸時代とさかのぼって述べている。

(1) A は、「板」「角材」「丸太」が何に利用されるのかを考える。それらは「建築や家具」の材料（マテリアル）となる。B は、直前に「つまり」とあるので、前の文の、木材をエネルギー源に使うという内容の言い換えにあたる内容が入る。「エネルギー」に結び付く「熱」という言葉がある**ア**を選ぶ。

(2) 指示語が指す内容を求めて前に注目する。前の二つの段落では、世界で木材が燃料として過剰利用されていることが述べられている。それを受けて「日本もつい最近まで」といっているのである。従って——線部①は、「薪」や「木炭」として木材を多く燃料に使っていたということを指す。「燃料」「木材」「消費」「多く」という語句をおさえて書く。

(3) 「どれほどの森林が伐採されたことか」とは、多くの森林が伐採されたということを表す。「そのため」は前が原因、あとが結果という関係を示すので、提示された文の前には「多くの森林が伐採された」ことの原因にあたる内容があるといえる。それは使われる木の量が多かったということ。それにあたる内容を述べているのは第六段落。よって、提示された文は、第六段落末の 2 に入る。

(4) ——線部②の直前の二文に着目する。「経済を支えていた」と

ひっぱると、はずして使えます。

は、「薪や炭」が「都市部」へ「供給」されることで「現金収入の道」となっていたということである。

(5)「持続的な薪ビジネス」とは、第九段落で紹介された「野中兼山」がつくった仕組みを指す。その仕組みの具体的な内容は第十段落にある。運搬船の数・積載量・運航回数を管理して薪の出荷量を制御し、また「番繰り山制度」で薪の生産も管理することによって木材の枯渇を防ぐ仕組みが、薪ビジネスの「持続」を可能にしたのである。これに合うのは**エ**である。

2 言葉のはたらきについて論じた文章。言葉には、区分けによって、形のさだかでないもの(心など)に形を与え、それが何であるか分かるようにするというはたらきがある。しかし、言葉と言葉によって表されるものの関係は動的で、錯綜している。また、言葉は存在しないものを「事実」として存在させる場合があるので、警戒すべきである。

(1) A は直前で述べられている内容と対立する内容が書かれているので、逆接の接続語が入る。 B は、直後で例が述べられているので、「たとえば」が入るとわかる。

(3)「そこ」という指示語の指している部分は、「形なきものに形を与えるということ」である。この内容が、さらにその直前でくわしく説明されているので、そこをまとめる。

(4)言葉で言い表されることによって、現実には「ない」ものが、「事実」として作り上げられてしまうのである。

解法のカギ

1 接続語に着目して、筆者の主張をつかむ。

2 指示語の指す内容を読み取り、文章の展開を理解する。

第2日

論説文 ①

▼8〜11ページ

1 (1) 幾何学的精神 (2) イ

(3) 例 情け容赦なく切ったり、きざんだりして建築化していくもの。(二十八字)

(4) 人間の小手先の技術(九字)

(5) エ (6) イ

2 (1) ア (2) ウ

(3) 確固たる自我を確立すること(十三字)

(4) 例 大切なソトの人間として相手を丁重に扱いながらも、言うべき言葉を抵抗なく言うこと。(四十字)

(5) ア

解説

1 西洋の造園と日本の造園とを比較し、その違いから、日本人の発想の特徴について述べた文章。

(1)直前に西洋の建築がどのような考えをもとにしてつくられているかが述べられている。

(2)――線部②を含む一文が、前の「それぞれの植物が……可能性をのばすこと」の言い換えになっていることに着目する。

(3)西洋庭園の自然のとらえ方は、樹木の取り扱い方でわかる。

その方法は1・3段落に具体的に書かれている。3段落にある「それが西洋における庭園というものの本質」の「それ」が指すものをまとめる。

(4)自然の造形と対照的なものは、人間の造形である。

(5)西洋の造園について書かれている段落と、日本の造園について書かれている段落に分かれる。

2

礼儀語の使い方という視点から、現在の日本人が良好な人間関係を構築していくにはどうすればよいかを述べた文章。

(2)直前に「教師は……**ヨソの人間**なのである」とある。

(3)5段落に、「良好な人間関係を構築するには、まず自分の不安を克服すること、まわりを味方で固めなくてもだいじょうぶなだけの確固たる自我を確立することである」とある。

(4)「良好な人間関係を築く」ための具体的な方法や他人との接し方は、5・6段落で述べられている。

解法のカギ

1 それぞれの段落の話題をとらえ、相互の関係を知る。

2 説明部分が意見を展開する上でどんな役割を持つのか考える。

第3日 論説文②

▼12〜15ページ

1
(1) a **基本的な文章作法**
b **自分で点検する**
(2) **ウ**
(3) 例 **心を強く刺激し、ずっと忘れられないものになった(二十三字)**

2
(1) **イ**
(2) 例 **情報とは、客観的なものではなく、主観的判断を含むものである。(三十字)**
(3) **生活レベルでの深いつながり(十三字)**
(4) **ウ**

解説

1 文章の書き方について、筆者が学生時代の体験や考えを振り返り、自身の今の考えを述べている。

(1)「文章上達」に触れている部分を本文中から探すと、第一段落の終わりに「……そのほうが……上達も早いはず」とある。この「そのほうが」とは、「せめて相手に迷惑をかけない程度の基本的な文章作法がはたして身についているかどうか、いやいやでも、ぜひ自分で点検する」ほうが、ということ。ここから a ・ b に入る語句を抜き出す。

(2)「筆者が若い頃に目ざした文章」に結び付く記述を探すと、第三段落の四文目に「若き日の自分を顧みると、……そんな不遜なことを考えていた」とある。若い頃に考えていた「そんな不遜なこと」が指すのは直前の二文の内容。その、「欠点だらけでも……そのまま読み手の鼓動となる」という記述に対応するのは**ウ**。
(3)「胸にいつまでも棘のように突き刺さって抜けなかった」は、恩師の一言に受けた衝撃が心に強く感じられ、いつまでも心に残っていた様子を比喩で表したもの。「胸」は「心」を表す。「棘のように突き刺さる」は「強く刺激する」「衝撃を与える」「強い感銘を与える」などと解釈できる。また、「いつまでも」「抜けなかった」は「ずっと忘れられなかった」ということである。これらの比喩の意味をおさえ、字数に合わせてまとめる。

2
情報とは何かを説明した上で、個人的なネットワークをつくることの必要性を説いた文章。
(1)「『個』を確立する」とは、自分自身の意見をもつこと。他の人の意見を語ることではない。
(2)——線部②は、直前の「主観的な情報、……情報こそ、本物の情報だといえる」を極論したものである。また、前の段落の「情報という言葉……客観性を意味するものではないだろう。……人間らしい主観的な判断や感覚が必要なのだ」にも着目する。
(3)「個人的なネットワーク」とは、「自分なりの情報ネットワーク」であり、これをつくるためには「ビジネスライクな人脈ではなく……重要になってくる」と前の段落に書かれている。
(4)**ウ**の「異なった視点」「自分らしく生きる方法」に着目。

第4日

論説文 ③

▼16〜19ページ

1
(1)**アウトプット**
(2)A **イ** B **ア** C **イ** D **ア**
(3)X **ウ** Y **エ** Z **イ**
(4)**ウ→ア→エ→イ**
(5)例 **相手に伝える意識を持ってとことん調べ、自分で考えるのが、本当のインプットだ(三十七字)**
(6)第二段落 **実は**
第三段落 **アウトプットは**

2
(1)**オ** (2)**ア** (3)**イ**

解説

1
「インプット(自分の中にある情報)」をもとに「アウトプット(自分なりの結論)」を導き出す観点から、考える力は、わかりやすい伝え方をしようといろいろ調べたり考えたりすることで養われるということを述べた文章。
(1)「伝える」は自分の中にある情報を他の人に向けて出すことなので「アウトプット」。
(2)「インプット」をもとに「アウトプット」をするので、「アウトプット」のためには「インプット」が不可欠。従って B は「アウトプット」、C は「インプット」。「考える」ことはまずは「インプット」が始まりになると考えられるので[A]も「インプット」。「記事を書く」のは外部に伝えることなので[D]は「アウトプット」。

(3)「考える力を養う」方法を述べていくにあたり、[X]から始まる文は、話題の中心である「考える」とは本来どのような作業かを確認しようとする文なので、[X]には「そもそも」が入る。[Y]は、「小学校高学年の子どもたちにニュースをわかってもら」うのが最優先課題だ、という文なので「他はさておいて」という意味の「とにかく」が合う。[Z]の前には「調べました」、あとには「載っていなかった」とあり、順当でない結果があとに来ているので逆接の語が合う。**オ**「なまじ」は「不完全な状態で無理に行う様子」という意味の言葉。

(4)質問を「なるほど」と受けた**ウ**が最初。「でも」で始まり「子どもにはわからない」とある**エ**は、「大人なら知っている」とある**ア**のあとに逆接でつながる、と考えられる。[I]のあとの一文の「経済学の教科書や……調べました」というのは、**イ**の内容を説明するためなので、**イ**が最後になる。

(5)直前の「そこで」は、前の「私は本に頼らずに自分で考えて、わかりやすく説明するための模型をつくってもらいました」を受けている。この「わかりやすく説明する(伝える)」ために「調べ」、「自分で考え」るという経験を通して、筆者は初めて「インプットというのは、こうするんだ」とわかったのである。答えは、ここで筆者がわかった内容を「～するのがインプットだ」や「インプットとは～することだ」の形にして、指定された語句を必ず二つ以上使って書く。

(6)第一段落―「話題提示」、第二段落―「筆者の実体験」、第三段落―「まとめ(筆者の主張)」の三つに分けられる。

2 小説「楢山節考」の主人公が抱く理想の老人像に注目し、昔と現代を比べながら「老いる」ことについて考えた文章。

(1)この時代のこの村で理想とされていたのは「歯も抜けたきれいな年寄り」だったが、おりんは歯が自然に抜け落ちず「年を取っても一本も抜けること」が「なかった」。その歯を「自分で欠く」という仕事をするのは、理想とされていた年寄りの姿に近づきたいからだったと言える。

(2)『きれいな年寄り』は、」と切れてあとが[I]になっている。「きれいな年寄り」とはどういうものか、という内容がすぐあとに続くのが自然なので「きれいな年寄り」という考えの成り立ちにあたるBがはじめになる。Aの「打破」の対象は「厳しい暮しの条件が作り出し」た「共同体の掟」と言えるのでB→Aと続く。Dの「暮しは次第に豊かなものと」なったのは、Aの「よりよい生活を呼び寄せよう」とした結果と考えられるのでA→D。Dの「暮しは次第に豊かなものとなって来た」を、Cで「近代化」の「道程」と受けていると考えられるので、最後はC。

(3)――線部②のある段落の内容を読むと、「その像(老人像)の輪郭は、……ぼやけて来ているのではないでしょうか。とりわけ二十世紀半ばの敗戦以降、つまり……我々の老人像は急速に曖昧なものとなって来る」とある。従って、――線部②の直後にある「その端的な表れ」の「その」が指すのは、「現代では老人像の輪郭がぼやけて(曖昧なものになって)来ていること」である。

第5日

小説①

▼20〜23ページ

1 (1) 例 海也の発見した化石の保存状態がとてもよかったから。(二十五字)
(2) エ　(3) イ　(4) ア

2 (1) 例 自分も矢といっしょに飛び立つような心地よい気持ちになるから。(三十字)
(2) ウ
(3) 一人きりではなく、同じ気持ちの仲間がいる(二十字)
(4) 調子が悪かった(七字)

解説

1 化石採集が趣味の大地が、たまたま自分についてきただけなのに、保存状態のよい化石を発見した弟に対して抱いた心情を描いた場面である。
(1)海也の発見した化石は、あまりに植物の特徴がくっきりと残っていたため、大地は最初、本物だとは思えなかった。
(2)直前の「いつもこいつはそうだ。昆虫採集だって、……すぐに兄を追い越した」に着目する。**イ**は「無理に誘って連れてきたことを後悔している」が誤り。
(3)美子に「風見君よく知っているよね」と言われていることに着目する。女の子に感心のまなざしで見つめられて、思わずうつむいた男の子の気持ちを考える。
(4)海也は、わからないことは何でも大地に質問していることから、兄を頼りにしていることが読み取れる。

2 弓道部に所属する実良は、弓道をすることが自分の支えだと思っていたが、徐々に、自分にとっていちばん大事なものは仲間であると気づいていく。
(1)——線部①の四行あとにあるように、実良は矢を射るとき、「自分もいっしょに飛び立つような気がする」ことをとても心地よく感じていた。
(2)——線部②の前「都合の良いことに、……ほめられた場所だ」に着目する。小さいころから周りから浮いてしまう存在だった実良だが、弓道をしていれば「だれからもとがめられない」だけでなく、賞賛され、自分を肯定してもらうことができた。
(3)——線部③の直前に「それがわかったときに、」とある。「それ」とはその前の連続する三文「的に向かっていたのは、……おそらく同じ気持ちで。」の内容を指している。また、この段落の最後に「もっと大事なのは、仲間かもしれない。一人きりではない」とあるので、これらの内容に着目して、二十字内でまとめる。
(4)——線部④の直前「かすってばかりだった的」に着目する。ここから、実良は十か月もの間ずっと不調だったことがわかる。本文十二行目に「調子が悪かったとき」とあることに着目。

解法のカギ
2 **1** どのような場面かをしっかりおさえる。
人物の動作や心情を表す言葉から、人物の心情を読み取る。

第6日 小説②

▼24〜27ページ

1
(1) 一度泣いて
(2) イ
(3) さかあがりに成功した（こと。）
(4) 例 尻に掌の感触が残っているのに、男は常に鉄棒から離れていた（から。）
〈別解〉男の指示通りにすると、さかあがりができた（から）
例 一人でさかあがりができた時には、男が消えていた（から。）
(5) エ

2
(1) 切っていると・振り向いてみると
(2) 例 丁寧にしか仕事のできない自分の性分（十七字）
(3) a 例 木が自分と同じ七歳で死んだ（十三字）
b 例 動揺し（三字）
(4) そっと
(5) ウ

解説

1 少年が見知らぬ男にさかあがりを教えてもらい、とうとう成功させたとき、男は消えていた。少年は、〈さかあがりの神様〉が助けてくれたのだと信じる。
(1) 泣いたことで心の中に生まれた変化を表す描写を探す。
(3)「世界が逆さに回った」＝体が一回転した状態。
(5) 真一が男に助けられながら練習して成功したことに着目。

2 自然の中で木を切る作業をしながら、植物の「死」を身近に感じる子供たちを、父親の目を通して描いた物語。
(1) この文章の語り手は父親。主語の入っていない文は、父親自身の動作を表す。
(2) ニヤニヤ笑ったわけは、――線部①の直前に「このようにしか仕事のできない自分の性分に照れているような」と説明されている。「このように」の指す内容が、二行前の「丁寧に」であることをふまえ、解答を作成する。
(3) 自分の切った木が「おれとおなじ年で死んだ」と知った健二の気持ちを考える。
(5) 子供（主に健二）の様子と、それを父親が淡々とした調子で語っている文章である。

小説③

▼28〜31ページ

1 (1)**ア**　(2)**ウ**
(3)例 **スクールに行きたくないのではなく、本当におなかが痛くて行くことができないことを、お母さんにわかってもらいたい気持ち。（五十八字）**

2 (1)**ア**
(2)例 **まだトシが死ぬとは限らないのに、政次郎が遺言を聞こうとしていること。（三十四字）**
(3)**ウ**

解説

1 学校に行くことができない「こころ」は、「スクール」に行くことを決意したが、当日またおなかが痛くなったという場面から始まる。「お母さん」の失望を感じ、スクールに行かないのではなく行けないことをわかってもらいたいと思うが、どうしようもできない「こころ」の悲しみを描いた場面である。

(1)すぐ前に「無理しなくていい、とお母さんには言われていた。／だから、そこまで構えずに」とある。ここから、「こころ」はお母さんに事情を話せば「無理」して行かなくていい、と言ってもらえると思っていたと考えられる。

(2)**「適切でない」ものを選ぶ問題なので注意する。** ここは「スクール」に行くことになっていた朝の場面なので「学校に行くと言った」としている**ウ**だけが本文の内容に合っていない。

(3)「こころ」がこのとき「精一杯気持ちを込めて」言ったのは「行けない」という言葉。そのあとに心の中の声として「行かないんじゃなくて、行けない」と説明がある。「行かない」は自分の意志で行かないということだが、「行けない」は「行くことができない」ということ。本当におなかが痛くて行くことが困難であることを「お母さん」にわかってほしいという気持ちを読み取って書く。

2 宮沢賢治の父、政次郎を主人公にした小説。長女トシの臨終に際し、遺言を書き留めようとする政次郎と、それをやめさせようとする長男賢治が対立する様子を描いた場面である。

(1)あとの部分を読んでいく。政次郎には「家長」の「自覚」があり、家長の義務として、「憎まれ役」になっても、トシの死後、家族がその存在を意識できるよう滅亡しないトシのことばを書き取ろうとしている。これをふまえているのは**ア**である。

(2)賢治は「遺言を書き取る」と言った父に「激怒」し、「お父さん、トシはまだ……」と抗議している。トシはまだ死ぬと決まったわけではないのに、政次郎が「死」を前提として「遺言」を残させようとすることに対する抗議である。

(3)トシが死ぬことを受け入れたくないという賢治の思いは場面を通して一貫している。父に促されたトシが「遺言」を残し始め、自らの死を認める態度を示したのが賢治には許せないのである。

第8日

随筆①

▼32〜35ページ

1 (1)ア
(2)路面は空を映した。
(3)ウ
(4)例 ぬかるみに足を取られて進退がきわまっている状態。
(5)例 相手に道をゆずろうとする思いやりの気持ちや共にぬかるみに悩まされている者どうしが持つ淡い共感。

2 (1)例 筆者は、魚と水との切っても切れない関係を、うとましいものではないかと考えているから。
(2)ウ　(3)ア
(4)例 心の目でものを見たとき、近いところにあるものは死角に入ってよく見えないということ。
(5)エ　(6)目
(7)例 心の遠近法により、遠くにあるものが持つ美しさや価値を見いだすことはできるが、近くにあるものは死角に入ってよく見えないため、そのものをよく理解できないということ。(八十字)

解説

1 道路にぬかるみがあったころの情景と、ぬかるんだ道を通しての人々の心のかかわりを描いた随筆。
(1)――線部①は氷の様子を人間にたとえた表現で**擬人法**である。
(2)「路面は……」という同じ表現の文を――線部②より前から探す。
(5)春のぬかるんだ道で人と人とが行き交うときのことが書かれているのは第八〜十一段落。「情感を共有する」「淡い共感」などの言葉に着目する。

2 心の目でものを見たとき、近くにあるものは見えていないということについて述べた文章。
(1)――線部①の三行あとに「息苦しい感じ」と述べ、その理由を説明している。
(4)直前の二段落であげられている具体例の内容をおさえる。
(7)直前の一文にある、「心の遠近法」によって「遠くが大きく近くが小さく見える」とはどういうことなのかを読み取る。

解法のカギ

1 擬人法は、そのものの様子をより身近に感じさせる。
2 ことわざや例を使うことで、筆者の主張がより具体的になる。

第9日

随筆②

▼36〜39ページ

1

(1) Y

(2) ⓐ動詞　ⓑ接続詞

(3) イ

(4) 骨折り損のクタビレもうけ

(5) 例 生きてゆくうえで、本当に難しい問題にぶつかった時、それを記号に置きかえて何とかしのぎながら待ち、「ある時間」たっても解決しなければ、正面から立ち向かってきた。（七十九字）

2

(1) 例 彼女の家に行ってはみたものの、結局彼女には会えなかった。

(2) 例 すっかり　〈別解〉すべて

(3) 記憶の入口

(4) 川のある風景の記憶につながって

(5) 気づきます

(6) ウ

(7) 例 過ぎ去る　〈別解〉移りゆく

(8) 例 時の本質が、流れ去ることではなく、そこに残す一瞬のような影像のうちにあるように、川面のかがやきのなかには、絶えず変わりつづけながら、少しも変化しないものがあり、幼い日の記憶にもつながる、と述べている。（百字）

解説

1 数学の問題を解くことになぞらえて、人生の問題を解く方法を述べた文章。数学の問題とは違う点も述べている。

(1)「次のこと」とは、数学の問題ではないことを読み取る。

(3)「解けなかった問題」で、Aと記号をつけた部分以外のところが整理されてきたので、Aの具体的な内容をもとの問題に戻したのである。

(4) 難しい問題の一部をAとして計算しても、うまく解けず、それに費やした時間がムダになった時のことを表現した言葉。

(5) 与えられた三つの言葉の意味を考え、Y以降に述べられた内容から筆者がやってきたことをまとめる。

2 川の流れは流れ去ってゆくと同時に、変わらないものを映しており、時についても同じである、ととらえる筆者の独特な見方を述べた文章。

(3)「よすが」とは手がかりとなるもの、という意味。

(4) ――線部③の直後の一文から、「小道に沿って、小川が流れて」いたことがわかる。また、このあとの段落の冒頭に「子どものころの記憶は、……川のある風景の記憶につながっていて」とあるので、「通学した小道」を筆者が覚えていたことは、子どものころの記憶が「川のある風景の記憶につながって」いたことを示す例と言える。

(6) 川が「映すもの」が「いつだって変わらないもの」であることを

ふまえる。
(7)・(8)筆者は「時」の本質を「流れ去ってゆくもの」でなく、「流れ去ってゆくものがそこに残す一瞬のような影像」ととらえている。

第10日

詩・短歌・俳句

▼40〜43ページ

1 (1) ウ　(2) イ
(3) 例 秋になって熟れていく果実にも、天と同じように、人の知恵のとどかない神秘が感じられるということ。(四十七字)

2 (1) エ　(2) A ウ　B イ
(3) ① オ　② ウ　③ イ　④ エ
(4) ウ

3 (1) D　(2) C
(3) ① 空あをあをと
② 今日なし

4 (1) D　(2) A
(3) ① 吹き割る　② ウ

解説

1
(2)「空」は実際にあるものの名称である。
(3)「果実にも人の知恵のとどかない神秘を感じ」たことから、「天に属し」と表現したと鑑賞文に書かれている。

2
(1)歴史的仮名遣いが使われているものの、言葉そのものは口語であることに注意する。
(2) A は直後の二行に着目すると、冬の到来が明らかに感じられることから「きっぱり」が適切。[B]は、「人にいやがられ」「草木に背かれ」「虫類に逃げられる」などから、痛みを伴うような厳しい寒さであることを読み取る。
(3)①は「公孫樹の木」の葉がすっかり散ってしまった様子を、「～ような」などの言葉を用いず「箒」にたとえているから、隠喩法。②は、句の最後が名詞で終わっているので、体言止め。③は、同じ言葉を繰り返しているから、反復法。④は、冬の寒さを、「～ような」を用いて「刃物」にたとえているから、直喩法。
(4)人から嫌がられるような「刃物のやうな冬」だが、作者は「僕に来い」と呼びかけ、冬は「餌食」だと言っている。ここから、冬の厳しさをバネとし、力に変えていこうとする作者の気持ちを読み取る。

3 (1)「交互に鳴いて」にあてはまるのは「かはるがはるに」とあるDの短歌。Dには「砑のごとし」という直喩の部分もある。
(2)明らかに「春」の情景を歌っているのは「春」という言葉があるBとC。このうち、「春の霙」「山鳩の聲」に対して「ひかるなり」が繰り返されているCを選ぶ。
(3)鑑賞文の第一段落には、「俊敏に飛ぶ鳥の動き」とある。よってこの段落は、他の短歌が鳴き声に着目している中で、一首だけ「飛ぶかと見れば消え去りて」と「鳥」の動きを詠んでいるEの短歌について述べたものだとわかる。第二段落は、「ひと夜」「二夜」と数詞を用い、「今日なし」という語句で不在を示し、「鳥がどこかへ飛び去ったこと」を想像させるAの短歌について述べたものである。
①「鳥の動きを捉えようとして、ふと、目に映った美しい情景」が、「鳥」の背景にある「空」にあたることに気づく。すると[I]には「空あをあをと」の六字が入るとわかる。
②鳥の不在を表す「今日なし」の四字を答える。

4 (1)作者の内面の思いが直接、言葉で表されているのは「何か急かるゝ何ならむ」とあるDの俳句。心急く思いは「あせり」に結び付く。
(2)「風」を表現した語に切れ字が付いていて、眼前の小さなものが豊かな色彩のイメージを連想させているのは「木がらし」に切れ字「や」が付いたAの俳句だけである。
(3)①「垂直に流れ落ちる水」にあてはまるのはEの俳句の「滝」だけなので、この文章はEの俳句の鑑賞文である。[I]には滝に向かっていく風の様子を表した「吹き割る」を答える。
②[II]には「繊細」以外は入りそうである。[III]を見ると、Eの俳句は風を「未来より」「来たる」と詠んでいるので、[III]には、**ウ**が合う。それにより、[II]には「壮大」が入るとわかる。「広大」は空間が広くて大きい様子、「壮大」は規模が大きくて立派な様子を表すため、迫力が増すことを述べたこの文には「壮大」が合う。

総仕上げテスト

▼44〜47ページ

1

(1) **エ**

(2) 例 **進んだ西洋に対して遅れた日本という卑下の意味を含む(二十五字)**

(3) **現代の日本人はふだん**

(4) **イ**

(5) 例 **異質なものや対立するものが調和し、なごやかに共存しているもの。(三十一字)**

2

(1) **オ**

(2) **たしかに、**

(3) 例 **母の恩に報いるには家庭を支えながら自己を生かす必要があると私に常に認識させ、私を奮い立たせたから。(四十九字)**

解説

1

(1)前後で話題が変わっている。

(2)前段落にも「この新しい意味の和」とある。前段落から「明治時代」になって出てきた「和」の意味をとらえる。

(3)第三段落に「現代の日本人は」で始まる一文がある。そこには、「和服」「和食」「和室」に対し「洋服」「洋風の食事」「洋風の家」と、衣・食・住の様子が昔と対照的に表されている。

(4)近代・現代を通して片隅に追いやられたものが「和の残骸」。**イ**は「本来の和」にあたるもの。

(5)まず、本文中で「本来の和」の内容に触れている箇所を拾い出してみる。すると次のようにある。「この国には太古の昔から**異質なものや対立するもの**を**調和**させるという、いわばダイナミックな運動体としての和があった。この本来の和」(第四段落)、「**異質なもの、対立するもの**を**調和**させるという本来の和」(第五段落)、「西洋化された住宅の中に畳の間が何の違和感もなく存在していること、これこそ本来の和の姿」(第六段落)、「こうした**異質なもののなごやかな共存**こそが、この国で古くから和と呼ばれてきたものなのである」(第七段落)。これらから「本来の和」とはどういうものかをまとめると、「異質なものや対立するもの」が「調和」し、「なごやか」に「共存」しているもの、などの形になる。

2

(1)〜〜線部ⓐは、自分だけの「胸にしまっておこうと思ってた」ことを言おうと決めて、いよいよ言い出す直前の間。言うことに躊躇いはないので、**ア**は合わない。〜〜線部ⓑは「……って」という伝聞の形の中の間なので、確かに母がそう言ったのだとみんなにわからせたい思いが読み取れる。〜〜線部ⓒでは、聞いてすぐには信じられずうろたえるみんなに、母の言葉を繰り返して、確認させようとしている。すべてに合うのは**オ**である。**イ**は「言えば悪者になる」が誤り。妹たちに伝えてほしいと母は頼んでおらず、長姉はみんなに伝えても伝えなくてもよい状況なので、「責任を果たせたと実感している」とある**ウ**と「母への義理」とある**エ**も誤り。

(2)「私」が、以前にした母と自分のやり取りを思い出している場面は「私は黙ったまま……」から「……母を見過ごした。」まで。

この中から「その時も……感じた」とある一文をおさえる。

(3)「応援歌になった」は、「励ました」「奮い立たせた」ということ。ここでの「恩」とは、母の自己犠牲により育ててもらった恩であり、最期の言葉によって、自身を生かす生き方を選ぶ必要性に気づかせてもらった恩でもある。「私」は、母の言葉を聞いて以来、「母と同じ愛と苦悩の上に〈私自身〉を生かすのでなければ、本当に母の思いの届く仇討ちにはならない、と勝手に思い定め」て四人目を産み、人生を歩んできた。それができたのは、母の言葉を「応援歌」と感じて人生を過ごしてきたからである。つまり、母の言葉は、母の恩に報いるには家庭を支えながら自己を生かす必要があると「私」に常に認識させ、「私」を奮い立たせるものなのである。

メモ